SOPHIE
PASSMANN

PICK ME
GIRLS

SOPHIE PASSMANN

PICK ME GIRLS

KIEPENHEUER & WITSCH

Der Verlag Kiepenheuer & Witsch hat sich zu einer nachhaltigen Buchproduktion verpflichtet. Gemeinsam mit unseren Partnern und Lieferanten setzen wir uns für eine klimaneutrale Buchproduktion ein, die den Erwerb von Klimazertifikaten zur Kompensation des CO_2-Ausstoßes einschließt. Weitere Informationen finden Sie unter www.klimaneutralerverlag.de

FSC www.fsc.org MIX Papier | Fördert gute Waldnutzung FSC® C083411

1. Auflage 2023

Covergestaltung Barbara Thoben, Köln
Coverabbildungen © Christian Werner
Gesetzt aus der Edita Book
Satz Buch-Werkstatt GmbH, Bad Aibling
Druck und Bindung CPI books GmbH, Leck

ISBN 978-3-462-00420-5

»WHEN I WAS YOUNGER, I THOUGHT THE FIRST PERSON CONFESSIONAL ESSAY WAS GOING TO SAVE US.«

Lena Dunham

Für Hannah, für Frida.

EINLEITUNG

Ich denke oft an die Frau, die ich eigentlich wäre. Es ist die Version von mir, die existieren würde, wenn ich in meiner Jugend nicht schon gelernt hätte, so zu sein, wie ich dachte, wie Frauen zu sein haben. Die Wahrheit ist, dass ich den Überblick verloren habe darüber, was mein echter Charakter ist und was nur das Resultat dessen, dass man als junges Mädchen irgendwann durch Elternhäuser und Lehrer beigebracht bekommen hat, dass die Anerkennung von Jungs die wichtigste Währung ist, die im zwischenmenschlichen Miteinander existiert. Ich weiß, dass ich die Frau, die ich eigentlich hätte sein können, nicht mehr werde. Ich wäre eigentlich weicher und wärmer und langweiliger. Ich würde andere Musik hören, lauter und seltener. Ich hätte in meinem Leben weniger Sex gehabt und bessere Pornos geguckt. Ich würde tiefere Ausschnitte tragen und mit Taxifahrern flirten. Ich hätte keine Angst, im Fitnessstudio kurze Shorts zu tragen. Ich hätte nicht für jedes Fehlverhalten eines jeden Mannes in meinem Leben mindestens ein Dutzend Tage lang ein Dutzend Ausreden gefunden. Ich hätte nicht eine Sekunde meines Lebens meinen Körper gehasst. Ich würde nicht so oft gefragt werden, *ob es eigentlich jemandem in meinem Leben gebe*, so, als sei mein Leben alleine nicht schon überbordend genug. Ich hätte niemals Hermann Hesse gelesen. Ich hätte die Männer, die ich zu wenig geliebt habe, mehr geliebt und auf die Männer, die ich zu viel geliebt habe, nicht gewartet. Ich hätte kurze Haare und lange Nägel. Die Frau, die ich eigentlich wäre, ist weniger erfolgreich und hat öfter recht. Es ist eine Frau, die nur in der Theorie existiert.

Ich befürchte mittlerweile, dass es sich nicht lohnt, die Frau zu werden, die man eigentlich sein könnte, nicht in dieser Welt, nicht in diesem System. Ich glaube sogar, dass ich ein besseres Leben habe, seit ich mich damit abgefunden habe, dass ich sie niemals sein werde. Ich habe jahrelang versucht, eine Frau zu werden, die feministisch und moralisch makellos lebt, jeden ihrer Schritte, jede ihrer Lebensentscheidungen im Vorhinein dahin gehend überprüft, ob es mich zu einer besseren Frau macht, zu einer Frau, die mehr Vorbild ist, mehr Feministin, weniger Fantasie oder Projektion für Männer. Ich habe mich damit abgefunden, dass mein Leben als Frau ein ständiges Ausprobieren und Scheitern bleiben wird, ein Korrigieren und Entschuldigen. Es gibt nicht die perfekte Frau, es gibt die Frau, die ich eigentlich wäre, nicht. Was es gibt, ist ein ständiges Dazwischen.

Die Frau, die ich heute bin, schämt sich für die Momente, in denen sie über Witze von Männern in Meetings etwas zu laut lacht, weil sie weiß, dass es ihr Leben einfacher macht. Die Frau, die ich heute bin, hat immer bei ersten Dates bezahlt und den Mann insgeheim dafür verachtet, dass er sie nicht daran gehindert hat. Sie ist neidisch auf den Erfolg anderer Frauen, nicht, weil sie es ihnen nicht gönnt, sondern weil sie weiß, dass die Öffentlichkeit nur eine bestimmte Menge erfolgreicher Frauen ertragen will, dass die Ressourcen also begrenzt sind. Auch wenn es feministischer und besser und wärmer und reifer klingt, das Gegenteil zu behaupten, sind diese erfolgreichen Frauen dann eben Konkurrenz.

Auf der einen Seite glaube ich, dass ich wirklich genug tue und getan habe, dass ich genug nachdenke und reflektiere, dass ich auf genug verzichte und für genug kämpfe. Und auf der anderen Seite weiß ich, dass es da eine theoretische Version von mir gibt, die ich eigentlich sein sollte. Vielleicht gibt es diese Version sogar von annähernd jeder Frau.

Ich wurde in eine Popkultur hineingeboren, die eine fast obszöne Faszination aufbringt für Frauen, die anders sind als andere Frauen. Diese Frauen sind die Hauptrollen in romantischen Komödien, sie sind Popstars und Topmodels. Diese Frauen sind eine Fantasie, ein Produkt der Idee, dass Frauen an sich eher unangenehm und anstrengend sind, aber ein paar Ausnahmen muss es doch geben, denn immerhin will ein großer Teil der Männer auf diesem Planeten Sex mit Frauen haben. Die Erzählung ist, dass diese Frauen seltene Kostbarkeiten sind, die sich abheben aus dem Einheitsmüll von Weiblichkeit, der sonst so existiert. Diese Frauen kehren jedes weibliche Klischee um, sie sind tiefsinnig und humorvoll, uneitel und ohne jede Art von emotionalem Ballast, sie sind unabhängig und zufälligerweise ausnahmslos wunderschön. Diese Frauen sind die Antiheldinnen zu einem sexistischen Klischee, das manifestiert, was andere, normale Frauen angeblich alles sein sollen. Es ist leicht für Männer, diesen Frauen Anerkennung zu schenken, weil sie diese Frauen hochhalten können, während sie gleichzeitig die meisten anderen Frauen weiterhin herabwürdigen.

Ich wollte den Großteil meines Lebens anders sein als andere Frauen. Ich hielt es für den einzigen Ausweg aus meiner mir sehr offensichtlich erscheinenden Misere, dass ich nicht schön, nicht charmant, nicht weiblich genug war, um eine von diesen Frauen zu sein, die männliche Anerkennung nur durch Repräsentation ihres Geschlechtes erhalten konnte. Ich dachte, ich müsste, wenn ich es meiner Umwelt schon zumutete, so zu sein, wie ich war, wenigstens einen charakterlichen Mehrwert mitbringen, dachte ich. Ich müsste dann wenigstens die lustige Frau sein, die verständnisvolle Frau, die Frau, der Männer alles erzählen könnten, ganz egal, wie abstrus, verdreht oder offensichtlich grenzüberschreitend es wäre. Ich habe mich jedoch nie wirklich bewusst entschieden, anders sein zu wollen als andere Frauen. Die Welt hatte mich nur sehr schnell davon überzeugt, dass ich das, was bei anderen Frauen ausreichend vorhanden war, nicht zu bieten hatte und ich der

Welt, die Frauen ja immer irgendeine Gegenleistung für ihre Existenz abverlangte, halt etwas anderes bieten müsste.

Ich kam nicht auf die Idee, dass ich auch einfach hätte sein können.

Als ich das erste Mal davon hörte, dass das Internet für diese Frauen, die jahrzehntelang in den Augen der Öffentlichkeit anders als andere Frauen sein wollten, den Begriff *pick me girls* gefunden hatte, war ich auf eine Art verärgert, die mich selbst verwunderte. Ich empfand es als wahnsinnig ungerecht, dass so getan wurde, als wären die Frauen aus reinem Hass auf andere Frauen so geworden, immerhin wusste ich ja, dass es zumindest bei mir nur der Versuch war, den Weg raus aus unendlich vielen Komplexen zu finden. Es ist doch ein Spiel, das wir alle seit Jahrzehnten ohnehin meistens verlieren, dachte ich. Wieso fingen Frauen ohne Not an, jetzt auch noch einen Wettbewerb daraus zu machen, wer am besten darin war, eine Frau zu sein?

Gleichzeitig hatte ich eine unendliche Faszination für *pick me girls* und alles, was dazu gehörte. Zum einen wusste ich, dass ich selbst eines war und dass sich meine Scham deswegen sehr aktiv in Grenzen hielt. Zum anderen wusste ich, dass hinter dem Begriff *pick me girls* etwas steckt, was mit viel diffuseren Kategorien zu tun hat als mit sexueller Orientierung, Klasse, Hautfarbe oder Religion. Die Diskussion um *pick me girls* ist eine, die nach schwammigeren Identitäten fragt, danach, wie die ersten Männer im Leben einen behandelt haben, wie der eigene Körper aussah, als man aufwuchs, oder wie man zumindest glaubte, wie er aussah. Danach, wie intensiv das Umfeld, in dem man zur Frau wurde, einem vermittelt hat, dass man ausreicht, so, wie man ist. Danach nämlich, wie intensiv die Leidenschaften, die man als Teenagerin entwickelte, belohnt, ignoriert oder sogar herabgewürdigt wurden.

Mein Frauwerden war dadurch geprägt, dass ich ein weißes Cis-Mädchen war. Aber die Tatsache, dass ich ein *pick me girl* war, hatte auch damit zu tun, dass ich ein unglückliches Mädchen war. Ein psychisch krankes Mädchen. Ein hochintelligentes Mädchen. Ein dickes Mädchen. Ich sage nicht, dass jeder sich ab jetzt seine eigenen Kategorien bauen sollte, um nicht mehr an den Privilegien, die mit der eigenen Herkunft einhergehen, gemessen werden zu müssen. Aber die Tatsache, dass das gesamte feministische Internet innerhalb von wenigen Monaten den Ausdruck *pick me girls* in sein Repertoire übernommen hat, zeigt, dass es wohl den Wunsch danach gibt, nicht mehr nur über das Frausein, sondern auch über das Frauwerden zu sprechen.

Ich bin davon überzeugt, dass es bei *pick me girls* viel um Scham geht, um Selbsthass und um das ständige Gefühl, dass mit einem selbst etwas grundlegend falscher, hässlicher oder unangenehmer ist als mit anderen Mädchen. Es geht in diesem Buch um all das, um all die Momente in meinem Leben, in denen sich diese Gefühle ausgebreitet haben. Ich schreibe dieses Buch, weil mir die Zeit davonrennt. Ich bin fast 30 Jahre alt – bald hören sich junge Mädchen nicht mehr freiwillig an, was ich übers Frausein zu sagen habe. Bald bin ich nicht mehr im besten Fall die coole Tante, bald bin ich höchstens die unangenehme Stiefmutter. Ich schreibe dieses Buch jetzt, weil ich glaube, dass ich jungen Frauen mit ein paar Dingen in diesem Buch das Leben leichter machen kann. Das hier ist kein Teenager-Selbsthilfebuch. Es ist auch kein feministisches Kampfwerk und erst recht, um Gottes willen, keine Autobiografie. Das ist das Buch, das ich mit 14 Jahren gebraucht hätte. Genau wie ich jeden Tag versuche, die Frau zu sein, die ich mit 14 Jahren gebraucht hätte.

ALTERNATIVE EINLEITUNG FÜR MÄNNER

Bevor ich angefangen habe, dieses Buch zu schreiben, wollte ich etwas schreiben, was Männer ebenso lesen wollen wie Frauen. Wenig irritiert mich an meinem Job mehr, als die Tatsache, dass Frauen vor allem für Frauen schreiben und Männer für alle schreiben dürfen. Ich schreibe viel über Sexismus, das sollte doch dazu führen, dass vor allem Männer meine Texte lesen, so, wie es bei Themen wie Rassismus oder Antisemitismus schon lange zum guten Ton gehört, dass gerade diejenigen, die nicht davon betroffen sind, sondern die Schuld an den Strukturen haben, versuchen, sich durch Bücher weiterzubilden. Selbst die wachesten, herzlichsten Männer, selbst die, die mit mir gemeinsam in Milieus leben, in denen der basalste Anflug von Feminismus irritierend deutlich belohnt wird, lesen wenig bis keine feministische Literatur. Ich wollte ein Buch schreiben, das es schafft, Männern genauso wie Frauen zu suggerieren, dass sie es lesen sollten, nicht aus moralischen Gründen, sondern weil sie es schlicht und ergreifend lesen wollen.

Dieses Buch handelt im Grunde von nichts anderem als der Autoaggression, mit der Frauen sich selbst in ihrer Weiblichkeit abwerten, um Männern besser zu gefallen. Dieses Vorwort sagt deswegen das Gegenteil von dem, was es ursprünglich sollte: Männer, lest dieses Buch meinetwegen nicht. Lest meinetwegen dieses Vorwort zu Ende und legt es danach wieder weg.

Dieses Buch hat eine Einleitung extra für Männer, weil ich glaube, dass wir in einer kulturellen Zwischenphase sind, in der viele Männer vieles bereits deutlich besser machen wollen, als sie es früher gemacht haben, und dennoch vieles so tun, wie sie es immer getan haben. Es ist mühelos möglich, mir zu unterstellen, ich hätte einen zu pessimistischen Blick auf Männer und ihre Interessen. Aber ich weiß, von wem meine Lesungen besucht werden, ich weiß auch, von wem Konzerte von weiblichen Popstars besucht werden. Ich weiß, wie ungebrochen groß mein Interesse schon immer war an Literatur von Männern und Frauen – mein Bücherregal sieht aus wie eine große, glückliche, gemischtgeschlechtliche Familie –, ich weiß aber auch, dass Männer dann doch oft auf die Bücher ihrer Männerhelden von früher warten, ehe sie das Buch einer weiblichen Autorin kaufen.

Ich bin fest davon überzeugt, dass die allerwenigsten das bewusst tun. Es ist ein Reflex, eine kulturelle Prägung, die viel mit den unfreiwillig auf uns allen abgeladenen Behauptungen darüber zu tun hat, dass Männer ein wenig allgemeingültiger über die Welt schreiben könnten als eben Frauen. Die Wahrheit ist, dass die große Popliteratur, der große Gonzo-Journalismus, die Beatniks, all die postmodernen Helden aus den Staaten eben auch vor allem darüber geschrieben haben, wie es ist, ein Mann zu sein. Sie haben es aber meist mit der Behauptung getan, sie würden darüber schreiben, wie es ist, ein Mensch zu sein.

Das meiste, was ich über Männer weiß, habe ich aus genau diesen Büchern gelernt. Es kam mir nie wie überflüssiges Wissen vor, nur, weil ich selbst kein Mann bin. Ganz im Gegenteil. Ich behaupte nicht, dass ich über alle Menschen schreibe. Ich schreibe über Frauen, ich werde es weiterhin tun, selbst wenn das bedeutet, dass kaum Männer lesen, was ich schreibe.

Man kann Frauen nicht vollständig und aufrichtig respektieren, wenn man ihre Kultur nicht konsumiert, wenn man ihre Musik nicht hört, ihre Bücher nicht liest, wenn man nicht wissen will, wie ihre Geschichten ausgehen. Männer, die Männer lesen und Männern zuhören und wissen wollen, was Männer über die Welt denken, und all das mit der Ausrede präparieren, das sei eben kulturelle Prägung, das sei Jugend, das sei Nostalgie, sind offenbar nicht daran interessiert, Frauen nur wegen ihrer Gedanken in ihre Leben zu lassen. Kultur von Frauen zu konsumieren bedeutet, Frauen zu ertragen, auch wenn sie keine Funktion erfüllen, wenn sie weder Mutter oder Hure noch Jungfrau sind – mehr noch –, wenn sie sogar vor allem das tun, was man mit Kunst in der Regel tut: irritieren, nerven, ärgern.

Wenn mir das Schreiben dieses Buches eines beigebracht hat, dann, dass wenig unnachhaltiger, erschöpfender und erfolgloser ist, als als Frau so zu leben, wie es vermeintlich Männern gefällt. Ich war immer dann am uninteressantesten, wenn ich besonders beliebt bei besonders vielen Männern war. Und ich habe erst dann angefangen, wirklich großartige Männer kennenzulernen, als ich aufgehört habe zu versuchen, es ihnen bei der ersten Begegnung möglichst einfach zu machen. Ich habe beschlossen, das so beizubehalten. In einer coolen Welt würden Männer Bücher von Frauen lesen. Ich finde mich damit ab, dass nur die großartigen Männer Bücher von Frauen lesen.

*

Ich erinnere mich sehr genau an meine Kindheit. Ich weiß, wie warm es an dem Tag war, an dem ich Fahrradfahren gelernt habe, und ich weiß, wie der Baumarkt roch, in dem ich mir die Tapete für mein Kinderzimmer aussuchen durfte. Auf der Tapete waren kleine freundliche Hubschrauber mit lachenden Gesichtern auf blauem Hintergrund und der Baumarkt roch ehrlich gesagt wie jeder andere Baumarkt auf der Welt, nach Silikon, Schnittholz und Schweiß.

Ich erinnere mich nur bruchstückartig an meine Jugend. Ich weiß mit an Sicherheit grenzender Wahrscheinlichkeit, dass ich einen ersten Kuss und einen ersten Vollrausch hatte, aber ich könnte beim besten Willen nicht sagen, wie alt ich war, als beides stattfand, wie ich mich gefühlt habe und wann das Gefühl wieder aufgehört hat. Ich weiß nicht, wie genau ich die Zeit nach dem Abitur verbracht habe und was ich an Nachmittagen nach der Schule gemacht habe. Ich erinnere mich punktuell an schlechte Frisuren und an Jungs, in die ich aus der Ferne unglücklich verliebt war. Ich erinnere mich an Episoden. An die großen Themen, die es in meiner Jugend gab, an die Schicksalsschläge und die Krisen, die ich so schnell wie möglich zu Ende fühlen wollte.

Ich war in der Theater-AG und im Sportverein, ich ging manchmal sogar zu Partys. Ich erinnere mich an die brennende Scham, die man empfand, wenn aus einem Gespräch in einer Gruppe hervorging, dass man zu irgendeinem Geburtstag irgendeines Klassenkameraden nicht eingeladen war und man die Enttäuschung über diese Einsicht verstecken wollte, während die anderen diskutierten, welche Geschenke sie kaufen würden und welche Mütter welche Kinder wann zur Party fahren könnten. Ich hatte gute und ich hatte schlechte Phasen, man könnte sagen, ich war körperlich anwesend während meiner Pubertät. Der Rest ist eine große Verunsicherung. Eines Tages saß ich in meinem Kinderzimmer und die Tapete mit den Hubschraubern war weiß überstrichen. Ich erinnere mich nicht ansatzweise daran, wie es dazu kam.

Ich bin aber irgendwann eine Frau geworden.

Als ich eine Frau wurde, begann ich, mich für mein Aussehen zu schämen und für meine Lautstärke, ich verstand die schwer dechiffrierbaren Vorgaben nicht, nach denen man sich plötzlich um Jungs herum bewegen sollte, ich verstand nicht, dass man sich gegenseitig Kopfbedeckungen vom Kopf zu reißen und dann kreischend wegzulaufen hatte, in der Hoffnung, dass man kurz Flirt-Fangen spielen könnte. Ich verstand nicht, wieso alles so schwierig wurde und niemand von den Erwachsenen versuchte, es einem etwas leichter zu machen. Regeln änderten sich plötzlich und niemand machte sich die Mühe, einem zu erklären, wieso das so war. Man fand es nicht mehr schlimm, wenn die eigenen Eltern rauchten, sondern klaute ihnen Zigaretten aus der Schachtel. Niemand wollte die beste Note in der Klassenarbeit schreiben und niemand wollte ausgeschlafen zur Schule kommen. Wir alle gaben uns auf eine seltsam offensichtliche Art auf einmal Mühe dabei, so auszusehen, als würde uns das Leben keinerlei Kraft kosten. Ich fand alles an meiner Jugend mindestens verwirrend, meistens angsteinflößend. Es überstieg meine Vorstellungskraft, dass es allen um mich herum so gehen sollte. Ich begann, die Schuld bei mir zu suchen. Irgendetwas an mir musste kaputter, falscher, alberner sein als an allen anderen um mich herum. Alle anderen schienen ihre Jugend ja viel besser hinzukriegen. Die ersten Lieben meiner Freundinnen wirkten erträglich schmerzhaft und ausreichend kurz, die anderen Mädchen um mich herum hatten in meinen Augen keinen Grund, sich für ihr Aussehen zu schämen, ihre Haare waren seidig und ihre Beine waren gerade. Es lag an mir, entschied ich. An mir waren irgendwelche Dinge so grundfalsch, dass ich viel mehr unter allem litt. Die anderen Mädchen waren besser als ich, sie sahen besser aus und sie waren besser angezogen, sie waren liebenswürdiger und deswegen auch beliebter. Ich war wahrscheinlich nicht einmal 15 Jahre alt und entschied mich aus Hilflosigkeit für die Erzählung, unter der Frauen bis heute leiden. Ich dachte, ich sei anders als andere Frauen. Ich wollte mich nicht abgrenzen, ich hatte das Gefühl, es war bereits passiert.

Ich bewunderte andere Frauen. Ich staunte über die Leichtigkeit, die ich ihnen unterstellte, ich verstand das Leben nicht, das sie sich bauten. Sie gingen aus und schienen nicht zu weinen. Ich dachte, ich sei anders als andere Frauen, weil diese Erzählung meiner Jugend erträglicher war als das, was in Wirklichkeit um mich herum passierte. Ich hatte die Wahl, ich konnte mich selbst zum Freak ernennen, um meine Traurigkeit, die Scham, mit der ich jeden Tag durchs Leben rennen musste, wenigstens zu einer Ausnahme zu machen. Oder ich hätte den Gedanken zulassen müssen, dass die meisten jungen Frauen um mich herum sich so fühlten wie ich es tat.

Oft möchte ich mir einen rostigen Nagel durch die Hirnrinde rammen, wenn ich 20 Minuten ohne jeden Anflug von Esprit durch die Startseite meiner Instagram-App scrolle. Der *Algorithmus*, von dem man mittlerweile redet, als wüsste man auch nur ansatzweise, was sich dahinter verbirgt, soll den sogenannten *content* angeblich für mich *kuratiert* haben, damit alles genau meinen Interessen entspricht. Das meiste davon fühlt sich allerdings wie ein wirrer Fiebertraum an, um den kein Teil von mir jemals freiwillig gebeten haben kann. Ich scrolle natürlich trotzdem. Und schaue mir an, wie sich ganze Humorgenres innerhalb der sozialen Netzwerke entwickeln, einfach, weil sie *gut funktionieren* bei den Leuten. Es gibt Videos, die absichtlich wirr und unlogisch sind, es gibt Videos mit streitbaren Pointen und

Videos, in denen moralische Dilemmata gezeigt werden, alles mit dem Ziel, möglichst viele Leute dazu zu bewegen, empört, irritiert oder wütend unter dem Video zu kommentieren. Jede Art von Reaktion ist eine gute Reaktion, wenn man content createt. Eines der größten und reichweitenstärksten Genres ist das, was man unter *so relatable* zusammenfassen könnte. Das sind Videos, in denen eine Erinnerung aus der Jugend, eine Anekdote aus einer Familiendynamik oder ein Gefühl, das man in einem bestimmten Moment seines Lebens hat, nachgestellt werden. Diese Videos versuchen etwas zu zeigen, mit dem sich eine möglichst große Gruppe von Menschen im Internet gemein machen kann. Es sind nicht die Videos, die am witzigsten, klügsten oder interessantesten sind. Aber es sind die Videos, die die meisten Leute dazu bewegen, auf sie zu reagieren und sie zu teilen. *So-relatable*-Humor ist ein Genre, das es ohne das Internet nie geben würde. Uns etwas zu zeigen, was wir selbst erlebt haben, funktioniert noch besser als eine Katze, die einen Laserpointer jagt und dabei gegen eine Wand rennt. Auch wenn die Entstehungsgeschichte dieser Humorsparte spätkapitalistisch trübsinnig ist, ist das, was eher versehentlich durch sie passiert, interessant. Menschen auf der ganzen Welt suchen den größten gemeinsamen Nenner, den sie einer Generation unterstellen können. Milieus und identitätspolitische Gruppen sortieren sich auf der Suche nach dem nächsten Viralvideo in ihre Vorlieben und Eigenheiten selbst ein. Wenn in fünf Jahren der erste Soziologe TikTok runterlädt, wird er schnell merken, dass er und sein gesamtes Forschungsfeld von Teenagern mit Ringlicht obsolet gemacht wurden.

Es gibt Videos von Erwachsenen, die immer wiederkehrende Verhaltensweisen von ihren Eltern parodieren: Mütter, die samstagmorgens passiv-aggressiv mit dem Staubsauger gegen die Kinderzimmertür stoßen, um die Kinder aufzuwecken, obwohl sie nicht genau begründen können, wieso sie etwas dagegen haben, dass ihr Teenager-Kind länger schläft. Väter, die kistenweise Grapefruits nach Hause schleppen, nachdem ihre Tochter einmal eine Grapefruit gegessen hat. Aus einer vermeintlich individuellen Familiendynamik wird ein schwer erklärbarer Kohorten-Spleen, sobald sich in sozialen Netzwerken Menschen auf der ganzen Welt über ein und dieselbe Verhaltensweise ihrer Eltern amüsieren. Es gibt diese Videos für jede noch so spezielle Gruppe von Menschen. Musical-Darsteller am Broadway machen Videos, die vermutlich vor allem für andere Musical-Darsteller am Broadway *relatable* sind. Weiße konservativ erzogene Frauen aus den US-amerikanischen Küstenstaaten machen Witze über ihre Ugg-Boot- und Kirchenchor-Jugend, die für mich zwar nachvollziehbar, aber nicht besonders unterhaltsam sind. Je kleiner die Grundgesamtheit der potenziellen Zielgruppe, desto seltsamer und nischiger sind die Videos. Und je größer die gewählte Grundgesamtheit ist, desto beklemmender ist die Einsicht, dass gewisse Erlebnisse offenbar nicht nur für Tänzer in New York oder Hausfrauen in Maine gelten, sondern für einen Großteil einer Generation, egal, ob man in den Staaten oder in irgendeinem Land Europas groß geworden ist. Es gibt unzählige dieser Videos von Frauen in meinem Alter, die die gemeinsamen Wirklichkeiten von Frauen in meinem Alter suchen. Es sind Videos über Mütter, die Streite mit der selbstmitleidigen Feststellung beenden, dass *sie wohl einfach schlechte Mütter seien*. Es sind Videos über den Moment des Unwohlseins, den man als Frau spürt, wenn der Uber-Fahrer einen über den Innenspiegel etwas zu lange anschaut. Es sind Videos von Frauen, die ihre Teenager-Zeit mit brutalen Tagträumen darüber verbringen, welche Körperteile oder Fettschichten sie sich gerne mit der Küchenschere abschneiden wollen. Es sind Videos von Frauen, die darüber sprechen, wie sie Jahre später durch Zufall in einem Gespräch bemerken, dass dieses unangenehme Date damals, an das sie nicht so gerne zurückdenken, technisch und juristisch gesehen in einer Vergewaltigung endete. Es sind Videos, die nicht auf ausnahmslos alle Frauen in meinem Alter anwendbar sind, aber zum Teil hunderttausendmal kommentiert und geteilt wurden. Es sind allgemeingültige Erlebnisse, die sich Frauen im Internet nacherzählen.

Als diese Videos populär wurden, war das der Beginn meiner Einsicht, dass vermutlich rein gar nichts an meiner Jugend außergewöhnlich war.

Der Beweis dafür, dass ich so anders nicht war, wurde mit jedem neuen Video, das in meiner Timeline auftauchte, weiter angetreten. Als Teenagerin überstieg es meine Vorstellungskraft, dass vielleicht nicht jede, aber die *meisten* Frauen um mich herum Selbstzweifel hatten, Selbsthass, Scham, unangenehme Aufeinandertreffen mit Männern, die deutlich älter waren als man selbst. Ich denke viel darüber nach, wie meine Jugend wohl ausgesehen hätte, wenn ich mit einem Grundverständnis dafür durch die Gegend geirrt wäre, dass ich nicht alleine bin. Denn um nichts anderes geht es bei dieser omnipräsenten und mittlerweile zur Parodie gewordenen Behauptung, man sei anders als andere Frauen. Es geht um Einsamkeit und Vereinzelung, auch wenn dieses Beharren auf die eigene Außergewöhnlichkeit wie Selbsterhöhung oder Arroganz wirken kann. Ich habe nicht einen Tag meines Lebens gedacht, ich sei anders als andere Frauen, weil ich mich besser fand als andere Frauen. Ich dachte, ich sei anders als andere Frauen, weil mein kleines Gehirn den Gedanken, dass noch mehr Frauen genauso sein könnten wie ich, zu brutal fand.

Ich schaute also ins Internet und stellte fest, dass ich vielleicht gar nicht außergewöhnlich war, nur, weil ich mich außergewöhnlich fühlte, und hatte den Eindruck, ich wäre Batman, der als Erwachsener erfährt, dass seine Eltern gar nicht tot sind, sondern nur nach dem Wocheneinkauf einen Parkplatz suchen.

Plötzlich fehlte mir meine Origin-Story.

*

Als ich zum ersten Mal den Begriff *pick me girls* hörte, hoffte ich, er hätte mit *Grey's Anatomy* zu tun. In der zweiten Staffel der Serie gibt es diesen tränentreibenden Monolog der Hauptfigur Meredith Grey, die gerade eine eher strapaziöse Affäre mit ihrem Chef Derek eingegangen ist, bevor der die Gelegenheit hatte, ihr zu sagen, dass er verheiratet ist (upsi!). Sie ringt sich in Staffel zwei dazu durch, ihm ihre Gefühle in einer pathetischen Ansprache zu gestehen. Derek, der vor der Entscheidung steht, ob er Meredith oder seine Ehefrau will, steht im OP-Saal. Meredith schaut ihn voller Liebe und Sehnsucht an und sagt: »Pick me. Choose me. Love me.«

Sie sprach damit diese eine Sache aus, die ja im Grunde der Subtext von jedem Flirt jemals und von etwa zwei Dritteln aller »Geht's dir gut??«-Sprachnachrichten ist, die ich in meinem Leben an Männer so versendet habe. Bitte entscheide dich für mich.

Bekannt wurde der Begriff *pick me girls* 2020 via *TikTok*, als die ersten Userinnen anfingen, Videos aufzunehmen, in denen sie ebendiese Spezies persiflierten, nämlich Frauen, die für andere Frauen offensichtlich recht durchschaubar auf männliche Anerkennung aus waren, zum Beispiel, indem sie möglichst oft darauf hinwiesen, dass sie vor allem mit Jungs befreundet seien, weil andere Frauen *so viel Drama* machten; dass sie sich eher für Sport interessierten als für Schminke; dass sie Bier tranken und Fast Food aßen, statt wie die anderen Frauen Kalorien zu zählen. Die einzige Charaktereigenschaft des *pick me girls* ist die Tatsache, dass sie versucht, anders als *andere Frauen* zu sein. *Andere Frauen* werden dabei immer über weibliche Klischees definiert: oberflächlich, leicht hysterisch, unentspannt, essgestört, Spielverderberinnen, die ihre Partner von entspannten Abenden mit den Jungs weglockten, um sich bei ihnen darüber auszuheulen, dass sie drei Kilo zugenommen hatten. Anders als andere *TikTok*-Trends, die ohne größeren Einfluss auf das popkulturelle Gedächtnis irgendwann wieder verschwinden, wurde *pick me girls* zu einem feststehenden Begriff, der aus der Satire zu echten feministischen Debatten rübergerettet wurde. Frauen in der Öffentlichkeit werden für gewisse Taten oder Aussagen dafür kritisiert, *pick me girls* zu sein, also anderen Frauen durch die Abwertung von Weiblichkeit die Solidarität abzusprechen, um besser bei einem männlichen Publikum anzukommen.

Anders als andere Frauen zu sein, bedeutet meist, einfach mehr wie Männer zu sein. Frauen, die versuchen, als *pick me girls* den Respekt von Männern zu gewinnen, tun das, indem sie vermeintlich männliche Verhaltensweisen imitieren. Zum einen ist der Preis, den man als *pick me girl* für den geborgten Respekt in einer Gruppe von Männern zahlen muss, dass man niemals mehr Raum einnehmen oder mehr Arbeit machen darf, als es zu Beginn der Freundschaft der Fall war. Freundschaften zwischen *pick me girls* und heterosexuellen Männern sind immer zwischenmenschliche Beziehungen, die auf der stummen Abmachung beruhen, dass sie nicht wirklich tiefer werden und sich nicht weiterentwickeln können, weil sich eine Partei am Anfang bereit erklärt hat, nicht *lästig* zu sein. Das meiste, was in dem Fall unter *lästig* fällt, ist eine der vielen Voraussetzungen für authentische Verbundenheit: Verletzlichkeit, Emotionalität, Grenzen setzen und einhalten. Frauen entscheiden sich nicht per se aus Charakterschwäche oder feministischer Zahnlosigkeit dazu, *pick me girls* zu sein, genau wie Frauen mit Vaterkomplexen nicht schuld daran sind, dass ihre Väter ihnen Komplexe beschert haben. *Pick me girls* können nur *pick me girls* sein, wenn sie in einer Welt von Männern leben, die ihre eigene Anerkennung und Zuneigung als Instrument nutzen, um die Frauen in ihrem Leben handelbar und angenehm zu halten.

Auf eine Art war Meredith Grey vielleicht das erste *pick me girl*: eine unabhängige, intelligente Frau, die von einem charakterschwachen Mann – der sich nicht zwischen ihr und seiner Ehefrau (übrigens auch eine unabhängige, intelligente Frau) entscheiden wollte und

Zeit überbrückte, indem er behauptete, er *könne* sich nicht entscheiden – gezwungen wurde, die emotionale Anteilnahme, die sie so oder so verdient hätte, künstlich einzufordern, indem sie ihn wortwörtlich darum bat: »Pick me. Choose me. Love me.«

Ich glaube, dass alle Frauen, die im Patriarchat groß werden, *pick me girls* sind. Manchmal. Oder früher. Zwischendurch. Als Ausnahme. Oder nur bei einem Mann in ihrem Leben. Je leichtfertiger Frauen anderen Frauen im Namen der feministischen Solidarität vorwerfen, *pick me girls* zu sein, desto mehr entsteht ein Meta-Paradoxon: Frauen, die anderen Frauen vorwerfen, *pick me* zu sein, und damit so tun, als seien sie selbst nicht ab und zu *pick me,* in einer Welt, die Frauen eigentlich nahezu zwingt, zwischendurch *pick me* zu sein, ist das ultimative *pick me*: Ich bin nicht wie andere Frauen, denn ich bin nie so.

*

Wenn ich versuche, mich daran zu erinnern, wann ich mich zum ersten Mal in meinem Leben geschämt habe, fühlt sich meine Erinnerung unzuverlässig und schwammig an. Ich fürchte deswegen, dass ich mich schon schäme, seit ich auf der Welt bin. Vermutlich ist das nicht so, vermutlich lag ich nicht als Baby im Kreißsaal und habe verschämt zur Seite geguckt, als die Krankenschwester mich säubern wollte *(»Omg, Entschuldigung wegen der ganzen Körperflüssigkeiten überall, das ist so typisch ICH!«)*, aber ich ahne, dass die Sache sehr früh anfing.

Manchmal habe ich das Gefühl, meine Jugend bestand zu großen Teilen aus dem Versuch, mir mit einer Küchenschere und einem Handspiegel genau die Frisur zu schneiden, die das Mädchen hatte, das ich im Internet in diesem Moment am coolsten fand. Mit 13 Jahren hatte ich eine ungesunde Obsession mit dem Blogging-Dienst *tumblr*, der wie eine Mischung aus Forum und sozialem

Netzwerk funktionierte und eine wundersame Parallelwelt erzeugte, in der junge Menschen, die besonders ästhetische Fotos von sich und ihrem Leben posteten, innerhalb der *tumblr*-Welt berühmt waren, ohne darüber hinaus in der echten Welt in irgendeiner Weise Geld oder Ruhm damit zu verdienen. Über ihr Privatleben schrieben sie nur kryptisch, ihre Freunde und Familie wurden nur beim Anfangsbuchstaben genannt, alles war getaucht in eine selbstdarstellerische Halbseidenheit. Die Frauen, die auf *tumblr* zu Stars wurden, wirkten geheimnisvoll, vage, überemotional und blutarm. Sie hatten viele Haare, die einen großen Teil ihres Gesichts verdeckten, sie schienen ständig zu frösteln und im Herbst trugen sie rostfarbenen Cord. Sie fotografierten sich mit Selbstauslöser an Wänden stehend, irritiert in die Ferne oder auf den Boden guckend. Das war die Zeit, in der man sich gegenseitig diese offensichtliche Lüge noch abnahm, dass da gerade nicht mit viel Aufwand eine Illusion hergestellt wurde. Es war die Zeit, in der man gemeinsam höflich die für alle wahrnehmbare Tatsache ignorierte, dass es eigentlich einen performativen Widerspruch darstellt, ein Stativ in die Natur zu schleppen, vier verschiedene Outfits in Jutebeuteln über der Schulter, die Digitalkamera perfekt positioniert, um im Moment, in dem der Selbstauslöser dann endlich klickte, schüchtern auf den Boden zu schauen, *weil man ja gar nicht gerne fotografiert wird. Tumblr* war ein Ort, an dem die Frage danach, was vielleicht peinlich sein könnte, nicht gestellt wurde. Es war der vielleicht erste bekannte Ort im Internet, der vor allem von Frauen und queeren Menschen genutzt wurde. Es war – das war zumindest die Behauptung, die im Raum stand, sodass man bereit war, über Jahre das eigenen Privatleben auf die Plattform zu blasen – ein *safe space*. Tatsächlich war *tumblr* ein im weitesten Sinne mobbingfreier, wenn auch aus heutiger Sicht prätentiöser und etwas peinlicher Ort. Vielleicht war es sogar ein gefährlicher Ort.

Das Mädchen, das ich mit 13 Jahren bewunderte, hatte eine schier unendliche Menge an Haaren auf dem Kopf, dunkelrot gefärbt, sie standen auf diese perfekte Weise ab, die man bei besonders coolen Hexen in Harry-Potter-Filmen erwartete. Ihr ganzer Blog bestand eigentlich nur aus ihren Haaren. Sie erzählte zwischendurch immer wieder etwas darüber, dass sie selbst im Sommer fror (cool und geheimnisvoll!) oder wie sehr es sie nervte, dass ihre Eltern mit ihr an ihrem Geburtstag Pizza essen gehen wollten (langweilig!), aber im Grunde besuchten ich und wahrscheinlich Zehntausende andere ihre Seite jeden Tag, weil wir nicht genug bekommen konnten von ihren Haaren. Ich wollte Haare haben wie sie. (Es ist ein Reflex, den ich bis heute nicht loswerde: wenn ich eine andere Frau sehe, die ich besonders faszinierend finde, picke ich mir eine Handvoll Eigenschaften, Kleidungsstücke oder andere Kleinigkeiten raus, die ich sofort versuche zu kopieren. Es gab schon Abende in Bars, die für mich damit endeten, dass ich alleine rauchend vorm Laden stand und versuchte, über die Zalando-App schnell ein ähnliches enges schwarzes Top zu finden wie die wunderschöne und allem Anschein nach schlimm coole Frau, die ich den ganzen Abend fasziniert angestarrt hatte.) Es war auch eine Zeit im Internet, in der *creators* so harmlos unterfinanziert waren, dass man nicht in diese heute übliche Misstrauensspirale geriet, wenn jemand mit 400.000 Followern auf Instagram erzählt, dass das Geheimnis ihrer guten Haut *viel Wasser und ausreichend Schlaf* sei. Es war die Zeit, in der die Influencerinnen nicht einen Cent mit ihrem Ruhm verdienten und keine Produkte bewarben, weswegen man sich mit einer Obsession, die sich fast antikapitalistisch anfühlte, in ihre Wesen und ihre Beauty-Routinen reinwühlen konnte. Diese Frau mit den Haaren und dem Blog jedenfalls erzählte dem Internet, das Geheimnis ihrer Haare seien die *layers*, was ich damals hektisch mithilfe von Google als *Stufen* übersetzte. In jugendlicher Selbstüberschätzung fasste ich unmittelbar den Entschluss, dass ich diese *layers* alleine, ohne Erfahrung oder professionelles Werkzeug, im Bad meiner Eltern nachschneiden können würde. Meine Haare sahen im Anschluss natürlich nicht aus wie die der coolen Frau im coolen Internet, sondern wie die einer Dreizehnjährigen, die in den vergangenen Wochen keine Spülung mehr benutzt und auf das Kämmen verzichtet hatte, sich anschließend mit graden Schnitten ganze Büschel aus dem Haupthaar geschnitten und das Ganze zum Schluss mit dem Haargel ihres großen Bruders, na ja, *frisiert* hatte. Ich trug eine Zeit lang Pferdeschwanz, meine Faszination für diese Frau wuchs aber durch das Scheitern des Nachahmens nur noch mehr. Ich war über Monate in ihre Welt eingetaucht, ich lernte die Initialen ihres besten Freundes und ihres Vaters, den sie eben nicht Papa oder *Dad* nannte, sondern beim Vornamen. Ich wusste irgendwann, was sie studieren wollte und wann ihre erste Beziehung endete, ich kannte ihre Lieblingsband und wieso sie den Film Juno auswendig mitsprechen konnte. Es dauerte noch ein paar Monate, bis ich realisierte, dass diese Frau gar nicht unbedingt viele Haare hatte, sondern in erster Linie viele Haare im Verhältnis zu wenig Körper. Vielleicht ist man mit 13 Jahren besonders anfällig für potenziell Gefährliches, weil man sich schon fühlen will wie ein Erwachsener, aber noch denkt wie ein Kind. Man begibt sich also mit einer unreifen Naivität aus Versehen in die dunkelsten Ecken des Internets, um dort dann so zu tun, als würde man alles verstehen, während man natürlich gar nichts versteht. Ich jedenfalls begriff lange nicht, dass dieses arme Mädchen ganz offensichtlich magersüchtig war. Ihr Unmut und Ekel über die geplante Pizza-Party ihrer Eltern hatte nichts mit der Peinlichkeit von Eltern und Partys und Pubertät im Allgemeinen zu tun, sondern mit der Angst vor den Kalorien. Der ständige Hinweis darauf, dass sie fror, selbst im Sommer, war kein Stoffwechsel-Spleen ihres Körpers, sondern ein mit Anstrengung gepflegter und ausgestellter Trick, ein Beweis für ihre Dürrheit, genau wie die Tatsache, dass sie es schaffte, ihren Körper so schrumpfen zu lassen, dass ihre leicht lockigen Haare aussahen wie eine unendliche Menge an Haupthaar, unter dem sie zu verschwinden drohte. Überhaupt handelte ihr ganzer Blog vom Verschwinden. Ich war 13 Jahre alt und ungeschützt in einen Raum geraten, in dem ich einer Frau dabei zuschauen konnte, wie sie dafür bewundert wurde, dass sie immer weniger wurde. Das zu verstehen war ein schleichender Prozess. Das Ganze bahnte sich an als Bauchgefühl, bis es sich nach Wochen zu der Erkenntnis verfestigte, dass diese coole Frau in Wahrheit krank war. Fast wie die Phasen, die man in einer Beziehung durchmacht, von dem ersten Moment, in dem man darüber nachdenkt, ob man überhaupt glücklich ist in dieser Beziehung, bis zum letzten Moment, Wochen oder Monate später, in dem man sich an den Gedanken, der einem zuerst noch unendlich viel Angst eingejagt hatte, längst gewöhnt hat. Gefühle eskalieren langsam. Vielleicht war ich also ein wenig erschrocken, als ich das erste Mal bewusst die Kommentare zu den Fotos dieser Frau mit den Haaren durchlas, als ich wahrnahm, wie die Blogs hießen, die ihre Outfitfotos reposteten, es waren Blogs mit obszönen Namen voller Selbsthass, die bereits im Titel des Accounts Beleidigungen gegen sich selbst und ihren Körper stehen hatten. Diese Namen und Beleidigungen erkannte ich schnell wieder, weil ich natürlich schon mein ganzes Leben in einem eher pummeligen Körper feststeckte, es waren Namen und Beleidigungen, die ich auf jedem Schulhof und in jedem Sportunterricht von mindestens einem Jungen gehört hatte, entweder halblaut, während sie an mir vorbeigingen, oder durch die ganze Sporthalle oder das ganze Klassenzimmer gebrüllt. Diese Blogs sprachen meine Sprache. Ich tauchte sehr langsam in diese Welt ein, die sich mir da auf *tumblr* auftat, manchmal denke ich im Nachhinein, dass es sogar eine feierliche Bedächtigkeit hatte, die ich mir selbst vorspielte, weil sie überhaupt nichts mit meinem normalen Reflex zu tun hatte, hektisch zu denken, hektisch zu sprechen und hektisch zu leben.

Mit Ende 20 hatte ich mehr als die Hälfte meines Lebens damit verbracht, zu denken, dass ich durch eine Aneinanderreihung von Dummheit, Hochmut und zu wenig Aufsicht als einzige Frau in Deutschland durch *tumblr* zu meiner Essstörung kam. Ich dachte, das sei ein irrelevantes, weil überhaupt nicht auf andere übertragbares Detail, ich dachte, ich war halt das Mädchen, das Pech hatte. Das ergab Sinn, immerhin hatte ich mich ja bereits für die Erzählung entschieden, dass etwas an mir anders war als an anderen Frauen. Mit Ende 20, an einem harmlosen Werktag in einer harmlosen Jahreszeit, tauchte in meiner Timeline bei Instagram ein Video einer Frau in meinem Alter auf, die einen harmlosen Witz darüber machte, wie sie ein völlig normales Verhältnis zu Kohlenhydraten und ihrem Körper hatte, bis sie sich dann zum ersten Mal bei *tumblr* anmeldete und durch die vielen Blogs von den Frauen mit den vielen Haaren und wenig Körper in eine Essstörung rutschte. Ich starrte das Display an und fühlte mich wirklich wie Batman, dessen Eltern mit Einkaufstaschen in die Wohnung kamen und sich entschuldigten, dass es länger gedauert hat als sonst. Das war der Moment, in dem mir endgültig klar wurde, dass alles in meiner Jugend als Frau zur Debatte stand.

Als ich auf die Welt kam, war ich so groß und so schwer, dass mein Vater noch am Tag meiner Geburt nach

Hause fahren und Strampler von meinen großen Geschwistern holen musste. Die Strampler, die die anderen Neugeborenen auf der Entbindungsstation trugen, passten mir nicht. Ich kenne diese Anekdote, seit ich ein kleines Mädchen war, ich saß Jahre meines Lebens daneben, als sie in der Familie und dem Freundeskreis erzählt wurde, irgendwas in meinem Unterbewusstsein war sich sicher, dass sie nicht erzählt wurde, wenn ich nicht dabei war, meine Anwesenheit und die Anwesenheit meines pummeligen Mädchenkörpers waren der Erzählanlass, der Grund für das herzhafte Lachen der Erwachsenen. Es war wie ein begleitender Kommentar zu meiner Erscheinung: *nein, nein, es hat sich bisher nicht rausgewachsen*. Die Anekdote unterschied sich, je nachdem, wer sie gerade erzählte und wo sie erzählt wurde. Wenn sie aber dann erzählt wurde, hatte ich nicht viel mehr zu tun, als danebenzusitzen und ausreichend unbeteiligt auszusehen, diese Art von verträumtem Dissoziieren, das Kinder lernen, wenn über sie gesprochen wird, als wären sie nicht anwesend. Ich knetete peinlich berührt meine Fingerknöchel oder starrte auf meine Knie, während diese Geschichte über mich und meinen Babykörper zum Besten gegeben wurde, nur zwischendurch schaute ich auf, um die Reaktionen der Erwachsenen zu beobachten. Je öfter ich die Geschichte hörte –, desto besser verstand ich, welche Details für welche Reaktionen sorgten, welche Ausführungen zu Heiterkeit führten und welche die Geschichte nur unnötig in die Länge zogen. Vor allem aber spürte ich, dass ich es in der Hand hatte, wie sehr die Leute lachten. Wenn ich an den richtigen Stellen breit anfing zu grinsen, wurde mein Gesicht runder und pummeliger, das fanden die Erwachsenen, wenn sie genug getrunken hatten, offenbar rasend witzig. Ich hatte zwar nicht in der Hand, wie über mich geredet wurde, aber ich konnte zumindest entscheiden, ob es unterhaltsam war. Ich zwang mich, den normalen Reflex, als Kind gelähmt vor Scham auf den Boden zu schauen, zu unterdrücken und stattdessen für die Unterhaltung der anderen in meinem eigenen Leben rumzusitzen. Es gibt einen Teil von mir, der das den Anfang vom Ende nennen möchte, den Moment, in dem ich lernte, meine eigenen Bedürfnisse zugunsten der Menschen, die über mich lachen wollten, hintenanzustellen. Andererseits weiß ich bis heute nicht, wem diese Menschen, die offenbar von Geburt an alles machen würden dafür, dass andere Menschen sich von ihnen unterhalten fühlen, sich auf Bühnen stellen und – schlimmer – ins Internet, die Schuld für ihre Kaputtheit geben dürfen. Ich weiß nicht, ob es angeboren ist, ich weiß nur, dass sich die Frage für mich gar nicht stellte, ob mein Wohlbefinden wichtiger sein könnte als die Tatsache, dass ich dafür sorgen könnte, Leute zum Lachen zu bringen. Ich lernte, Gelächter herzustellen. Es war wie ein Zaubertrick. Ich liebte es, lustig zu sein. Und irgendwas an meinem Körper schien irre lustig zu sein.

Mit 11 Jahren wurde ich zum ersten Mal auf Diät gesetzt, jeden Donnerstag musste ich mich wiegen, die Werte wurden in eine Tabelle eingetragen, die in einer Klarsichtfolie in Griffnähe der Waage lag, fast so, als wäre ein möglicher Gewichtsverlust so schnell wieder rückgängig gemacht, dass man ihn in derselben Sekunde, in der er bewiesen wurde, als Notiz festhalten musste. Der Ernährungsplan, nach dem ich aß, war nicht für Mädchen, sondern für Hausfrauen erstellt worden. Das verstand ich damals noch nicht, ich fragte mich zu dieser Zeit nur, wieso die Gerichte, die ich plötzlich aß, so seltsam waren, warum Diät offenbar bedeutete, dass ich Lebensmittel zu mir nahm, die ich sonst niemals hätte essen wollen, die ich zum Teil nicht mal als solche erkannte. Ich aß Vollkornbrote mit Brie und Birnenschnitzen und hart gekochte Eier, in denen das Eigelb mit etwas Frischkäse zu einer Creme verrührt und anschließend wieder in die Mulde des Eigelbs gefüllt wurde. Ich war 11 Jahre alt, ich wusste damals noch nichts von der Existenz von gefüllten Eiern, und zum Glück verstand ich auch noch nicht, dass ich die *leichte Variante* von gefüllten Eiern aß. Ich war 11 Jahre alt und aß, wie ein Frauenmagazin es sich von erwachsenen Frauen zu wünschen schien. Mit jeder Woche mehr, mit der ich weniger wog, verstand ich den Gesprächswert der Strampler-Anekdote besser. Mein Körper war offenbar anders, als er sein sollte, größer, breiter, falsch für mein Alter, er war das immer schon gewesen, und jetzt, endlich, nach 11 Jahren, sollte dieser Fehler ausgemerzt werden.

Erstaunlicherweise dauerte es danach noch vier Jahre, bis ich eine richtige Essstörung entwickelt hatte. Wenn ich heute versuche zu rekonstruieren, was ich in dieser Zeit in Bezug auf meinen Körper getan habe, verschwimmt meine frühe Jugend zu einer einzigen großen Erinnerung, in der ich riesige T-Shirts trug und dafür in der Schule von Oberstufenschülern gehänselt wurde. Es gibt ja diese Momente, in denen man sich als erwachsener Mensch wünscht, man könnte seinem inneren Kind noch mal kurz beistehen und ihm die wahren Umstände einer Situation soufflieren, nämlich, dass es offenbar achtzehnjährige Menschen gab an meiner Schule, die mich mit 11 Jahren für meine T-Shirts auf dem Pausenhof fertigmachten. Ich weiß nicht, wann ich mich wohl oder unwohl fühlte in meinem Körper, nur blitzlichtartig tauchen Erinnerungen auf, an ein Foto, das meine Großmutter von mir am Strand geschossen hatte, auf dem ich mir riesig vorkam und unansehnlich, und Jahre brauchte, um zu verstehen, dass meine Großmutter mir das Foto aus genau diesem Grund nach unserem Urlaub in einem Kuvert geschickt hatte, nämlich um mich zu warnen, aufzurütteln.

Irgendwann begriff ich, dass das anorektische Mädchen mit den vielen Haaren so was wie eine Einstiegsdroge für Frauen wie mich sein sollte. Das Haar-Mädchen sollte mich in die Welt, in der man mich haben wollte, reinziehen, ohne mir zu viel Angst zu machen. All diese essgestörten Frauen dachten, dass sie mit ihrer Essstörung endlich die beste Freundin gefunden haben, die sie ihr Leben lang verzweifelt gesucht haben, dass ihr Leben vor ihrer Essstörung, in ihrem *alten* Körper, nicht lebenswert und im Nachhinein betrachtet auch armselig war, und dass sie jedem Mädchen, das sie mithilfe eines ausgeklügelten Pyramidensystems in die Essstörung treiben könnten, einen Gefallen täten. Das Ganze passierte zu der Zeit, als die Eltern meiner Generation noch Angst vor Trickbetrügern und Kreditkartenabzockern im Internet hatten, während ihre Kinder auf Blogs Subkulturen gründeten, die sich jeweils einzelnen psychischen Störungen widmeten, die dort zelebriert wurden wie Lieblingsbands.

Auf einen Kreditkartenbetrüger traf ich nie.

Stattdessen starrte ich nach der Schule mittlerweile unentwegt Fotos von mageren Mädchen an, die Fotos von sich und den großen Lücken zwischen ihren Oberschenkeln posteten und dazu schrieben, wie ekelerregend fett sie ihren eigenen Körper fanden, wie sehr sie sich dafür schämten, am vergangenen Abend *zwei* Scheiben Knäckebrot gegessen zu haben statt wie geplant nur eine. Es waren wütende Tagebucheinträge, die alles, was nicht mit Körper und Aussehen zu tun hatte, wie irrelevante Nebenschauplätze behandelten. *Mein Vater musste gestern ins Krankenhaus / Wir fahren in zwei Wochen nach Italien – SO VIELE KOHLENHYDRATE / Meine beste Freundin hat Geburtstag gefeiert.* Am Ende eines jeden Eintrags stand eine neurotische Auflistung aller Mahlzeiten des Tages. *Schlechte Tage* auf diesen Blogs lagen kalorisch irgendwo zwischen 1100 und 1300 Kilokalorien. Alles unter 1000 galt in der Regel als Erfolg.

Alles, was die Mädchen in diesen Blogs schrieben, war das letzte Puzzlestück, um meine erste große Diät im Nachhinein einzuordnen. Es ging darum, endlich Disziplin und Selbstkontrolle an den Tag zu legen. Die seltsamen Lebensmittel, die ich damals essen sollte, waren nicht dafür da, dass ich sie gern aß, sie waren dafür da, dass mein Körper nicht mehr so aussah wie er eben aussah. Ich wurde eines dieser Mädchen auf den Blogs. Ich wog mich morgens und abends, jeden Tag, außer donnerstags. Ich lernte, wie man Kalorien zählte und dass der Unterschied zwischen fettarmer Milch und der mit 3,5 % eklatant ist, vor allem, wenn man jeden Tag Kaffee trinkt. Ich lernte, dass es aber ohnehin grob fahrlässig sei, Kaffee mit Milch zu trinken, wenn es doch auch die schwarze Variante gibt. Alles überflüssige Kalorien. So ein Milchkaffee sei eine ganze Mahlzeit. Ich nahm diese Informationen mit einer Mischung aus Faszination und Scham auf, weil mir die Kinder-Diäten, auf die ich gesetzt wurde, plötzlich nicht mehr vorkamen wie leicht alberne Ernährungspläne, sondern wie eine einmalige Chance, die ich an mir vorbeiziehen ließ.

Essstörungen sind langweilig, das transportiert sich leider nicht immer bei den emotionalen Titel-Reportagen in den Nachrichtenmagazinen. Die mageren Mädchen haben etwas Mystisches an sich, vielleicht auch, weil wir als Gesellschaft ohnehin gerne auf die weißen schwachen Mädchen schauen, die am Leben scheitern. In den Fernsehreportagen guckt man ihnen gerne dabei zu, wie sie an einem Marmeladentoast kauen, mit einer Verzweiflung im Gesicht, an der man ablesen kann, dass sie in Kalorien denken und nicht in Hunger. Die wenigsten Momente in einer Essstörung verbringt man allerdings damit, zu essen, auch wenn das die Momente sind, in denen Journalisten am liebsten zugucken. Die meiste Zeit wird nicht gegessen, sondern über Essen nachgedacht. Und darüber, wie der eigene Körper aussieht. Und darüber, was man alles erst wieder unternehmen darf, wenn der eigene Körper endlich so aussieht, wie man glaubt, dass er aussehen müsste. Essstörungen bestehen daraus, in jedem wachen Moment zu denken, dass das, was man gerade erlebt, ein ungültiges Erleben ist, weil man noch nicht den Körper hat, der das Erleben verdient hat.

Es macht die Mädchen mürbe und langweilig. Essstörungen sorgen dafür, dass man sich für nichts mehr wirklich interessiert, weil man glaubt, sich der Welt noch nicht zumuten zu können. In Filmen werden die Kinder mit Essstörung in der Regel als verschlossen und einzelgängerisch dargestellt, fast so, als seien sie einer größeren Sache auf der Spur, die der Rest der Welt ohnehin nicht verstehen würde. Ich habe eher die Erfahrung gemacht, dass der ständige Gedanke, dass der eigene Körper für die Welt eine Zumutung ist, dazu führt, dass Essgestörte fast verzweifelt versuchen, der Welt radikal entgegenzutreten, um auszugleichen, dass ihre Anwesenheit und die Art, wie sie aussehen, eben schon sehr viel verlangt ist. Ich war nicht eine Sekunde mysteriös und in mich gekehrt. Ich unternahm pausenlos den Versuch, meinen Mitmenschen zu beweisen, dass ich *trotzdem* liebenswürdig sei, dass sie nur noch ein paar Monate geduldig sein müssten, bis ich endlich dünn sein würde, und bis dahin müssten sie sich einfach mit meinem Charakter begnügen. Natürlich ahnt man insgeheim, dass es eigentlich keinen messbaren Endpunkt gibt, ab dem man wirklich dünn genug ist, um am Leben teilhaben zu können. Man ahnt, dass das ein Dauerzustand sein könnte, sich für eine Zumutung zu halten. Ich wollte es den Menschen um mich herum so angenehm wie möglich machen. Glücklicherweise wusste ich ja, wie man lustig war. Und ich wusste ja, dass mein Körper lustig war, das hatte ich als Kleinkind gelernt. Mein Körper war mir nicht peinlich. Ich schämte mich für ihn. Ich kannte den Unterschied damals einfach nicht.

Mit 15 Jahren habe ich das erste Mal auf der Bühne einen Witz über meinen Körper gemacht. Ich erinnere mich nicht mehr genau an den Wortlaut, ich habe nur noch eine schemenhafte anonyme Menge vor Augen, die es in ihrer saturierten Lehramtsstudium-Welt für vertretbar hielt, sich abends *Comedy-Shows* anzuschauen. Ich erinnere mich an das Lachen nach dem Witz, es war die gute Art von Lachen, zumindest, wenn man es darauf anlegt, Menschen möglich gut zu unterhalten. Es ist dieses Lachen, das sich nicht anbahnt oder aufbaut, es entlädt sich einfach, es dauert so lange, dass die Person auf der Bühne nicht weitersprechen kann. Es ist ein Lachen, das keinen Zweifel daran lässt, dass wirklich *alle* im Saal den Witz verstanden haben. Es ist ein kollektives Erlebnis, das sich durch zwei Dinge herstellen lässt: Überraschung oder Erleichterung. Wenn aus Überraschung gelacht wird, passiert etwas, womit niemand gerechnet hat: eine schlagfertige Antwort auf einen Zwischenruf aus dem Publikum oder ein besonders gut geschriebener Witz, der eine Abbiegung nimmt, die man niemals erwartet hatte. Wenn aus Erleichterung gelacht wird, passiert das, auf das alle gehofft haben. Als ich auf der Bühne stand und einen Witz über meinen Körper machte, wurde aus Erleichterung gelacht. Ich habe dem Publikum das schlechte Gewissen abgenommen, dass sie im Zweifel über meinen Körper lachen würden, weil ich sie gezwungen habe, genau das zu tun. Ich kannte dieses Gefühl der Erleichterung schon jahrelang, ich hatte es das erste Mal wahrgenommen, als ich anfing, Mahlzeiten auszulassen oder so abzuändern, dass sie nur noch als Persiflage auf eine Mahlzeit durchgehen konnten (einmal aß ich einen ganzen Teller Spaghetti bolognese, wobei ich die Spaghetti mit Karottensalat ersetzte). Die Menschen um mich herum sahen meinen Körper und waren glücklich zu sehen, wenn ich unglücklich niedrigkalorische Speisen zu mir nahm. Ich begegnete dieser Erleichterung wieder, als ich auf einer Bühne stand und begann, all die Witze über mich zu machen, die sie sich vermutlich nur heimlich trauten zu denken. Plötzlich fühlte es sich an, als hätte mein Körper mich darauf vorbereitet, möglichst gut in meinem Job zu sein. Wer lustig sein will, muss vor allem möglichst gut wissen, was die Leute wollen, und es ihnen dann geben. In meinem Fall wollten die Menschen offenbar den Beweis, dass ich selbst wusste, wie abnormal ich aussah.

Mit 17 Jahren hatte ich dann einen Auftritt in einem Stadttheater irgendwo in Deutschland. Schauspieler aus dem Ensemble spielten tote Literaten, lebende Literaten traten dagegen an, ein großer Spaß. An diesem Abend trat ich gegen einen Joachim Ringelnatz an, der gespielt wurde von diesem Typus großer wunderschöner Schauspieler, den man im ersten Moment mögen wollte, weil er sich selbst so mochte. Er kam gleich nach mir auf die Bühne, ich saß in der ersten Reihe des Saals, um mir seinen Auftritt anzuschauen, als er mich etwas flamboyant ansah, dann in die Menge blickte und sagte: »Mein nächstes Gedicht heißt *Übergewicht.*« Ich spürte, wie mein Kopf rot wurde und ich mein Gesicht verzog auf eine Art, von der ich hoffte, dass sie aus der Ferne nach Amüsement aussah. Nach der Vorführung nahm ich nicht gemeinsam mit den anderen den Bühnenausgang, sondern passierte den Kartenabreißer im Foyer, um ihn zu fragen, wie viele Plätze das große Haus hätte, in dem wir grade gespielt hatten. 823. Ich erinnere mich bis heute an die Zahl. 823 Erwachsene haben an diesem Abend über einen Teenager gelacht.

Es gibt ein sehr spezifisches Schweigen zu meinem Körper, dem ich nicht traue. Es ist ein Schweigen, das vor allem denen hilft, denen es gehört, weil sie von sich selbst denken wollen, diese Art von Mensch zu sein, die meinen Körper nicht *bemerkt*, oder aber, weil sie diese Art von Menschen sind, die die Kontrolle darüber haben wollen, wann über einen Körper, der ihnen vielleicht nicht gefällt, gesprochen wird und wann nicht. Es ist ein Schweigen, das früher oder später gebrochen wird, meistens erst dann, wenn man angefangen hat, dem Frieden, das es fälschlicherweise ausstrahlt, zu glauben. In der 7. Klasse – da hatte ich die gröbsten Mobbing-

Szenarien schon hinter mir und mich irgendwo in ein Klassengefüge gedrückt, das mich mochte oder mindestens ertrug – sagte mein Musiklehrer, der einen Hang zu etwas altertümlichem Sprichwortdeutsch hatte, die Tatsache, dass ich in der letzten Stunde gefehlt hätte, sei »ein dicker Hund«. Bis auf ihn und mich fingen alle im Klassenraum an, hysterisch zu lachen. Er lachte nicht, weil er nicht verstand, worum es ging, ich mochte ihn danach ein wenig mehr als davor. Ich lachte nicht, weil ich merkte, dass ich dem Schweigen zu meinem Körper nicht vertrauen konnte. Nur, weil niemand etwas sagt, heißt das noch lange nicht, dass niemand etwas merkt.

Heute schweigen mich Modefotografen an, wenn sie mich bei einem Shooting konzentriert angucken, während sie überlegen, wie ich *vorteilhafter* posieren könnte. Es ist das Schweigen von Stylistinnen, die mir für genau diese Shootings eine halbe Kleiderstange Klamotten von Dries van Noten präsentieren, es sind meist lange, weite Kleider, die nicht zu mir passen, als würde ich jemals freiwillig Dries van Noten tragen, schaut mich doch an. Ich muss nicht nachfragen, wieso sie da hängen, ich weiß, dass sie überfordert waren von dem Versuch, ein kreatives Verhältnis zu der Form meines Körpers zu finden und im Zweifel dazu übergehen wollen, ihn zu verstecken. Das Schweigen ist das Gleiche wie jenes, das folgt, wenn ich ihnen vorher erkläre, in welche Klamottenmarken ich nicht passe und welche Jeans in welcher Größe funktionieren könnte, und sie mich dann bei Fittings in Hüfthosen von Zara stecken wollen. Sie schweigen, wenn sie mir Klamotten hinhalten und ich ihnen nach einem flüchtigen Blick sage, dass ich da nicht reinpasse. Ihr Schweigen ist beleidigt, so, als würde ich mir anmaßen, ihren Job besser zu können als sie selbst. Die Wahrheit ist, dass es so ist. Wenn es ihr Job ist, mich anzuziehen, sind sie miserabel darin. Das Schweigen geht weiter, wenn ich ihnen dann erkläre, dass ich mein ganzes Leben schon meinen Körper habe, ich weiß auf einen Blick, was mir passt, weil ich es ein Leben lang trainiert habe. Das hat nichts mit Spaß zu tun.

Schweigen ist kein Nullsummenspiel. Nur, weil jemand schweigt, heißt das nicht zwangsweise, dass eine andere Person stattdessen dazu kommt, zu reden. Macht hingegen ist ein Nullsummenspiel. Und gerade bei Körpern sind Scham und Macht eng miteinander verbunden. Wenn ich mir selbst nicht die Macht und die Deutungshoheit über meinen Körper sichere, tut es jemand anders. Man kommt nicht auf die Idee, sich zu ermächtigen, wenn man sich schämt. Und wer sich schämt, glaubt nicht, dass ihm oder ihr Unrecht geschieht. Man hält es halt aus und denkt: Na ja. Zu Recht.

Mein Schweigen zu meinem Körper hat dazu geführt, dass sich andere den Raum genommen haben, der eigentlich mir zugestanden hätte. Ich war ständig damit beschäftigt, meinen mir ohnehin wahnsinnig auffällig vorkommenden Körper zu verstecken, es kam mir wie mein eigenes Scheitern vor, wenn ich erlebte, wie andere in meiner Anwesenheit darüber gemutmaßt haben, wie mein Körper eigentlich auszusehen hätte. Ich habe akzeptiert, dass Männer über ihn gesprochen haben, als sei er das einzige quasi unmenschliche Objekt im Raum, weil sie sich nicht zu ihm hingezogen fühlten. Ich habe vor allem zugelassen, dass andere wussten, dass mein Körper so sehr zur Verhandlung stand, dass ich mich nicht wehren würde, wenn er diskutiert wurde. Ich tat entspannt, weil ich mich damit unangreifbar machen wollte.

Das ist ein Schweigen, das man sich über Jahre erarbeitet. Es ist ein Schweigen, das man sich abschaut, das man imitiert. Man erkennt das Peinlich-berührt-Sein, das um einen herum existiert, als richtig an und übernimmt es in Zukunft in das eigene Leben. Man tut das unbewusst, man denkt nicht über die Konsequenzen nach, die dieses Schweigen haben könnte. Denn als Kind weiß man nicht, dass Schweigen in Reaktion auf Sprechen zunächst auch einmal bedeutet, dass das, was zu einem gesagt wird, unwidersprochen bleibt. Man gibt die Verantwortung, die man für sich selbst hat, ab. Ein Teil der Souveränität darüber, wie ich mich fühle, wie über mich gesprochen wird und wann über mich gesprochen wird, habe ich allein dadurch abgegeben, dass ich mich entschieden habe, so lange wie möglich zu meinem Körper nichts zu sagen und selbst wenn er dann von außen zum Thema gemacht wurde, im Zweifel eher zu lachen, als ihn zu verteidigen. Die Frage, ob ich nicht auch proaktiv über mich und meinen Körper sprechen könnte, stellte sich nicht, sie stand nicht einmal theoretisch im Raum. Die anderen haben gesagt, was sie zu sagen hatten, wann immer sie es zu sagen hatten, ich habe nur reagiert. Das war immer so, spätestens seit entschieden wurde, dass eine Elfjährige nachmittags ein Vollkornbrot mit Brie und Birne essen möchte.

Scham tut so, als sei sie die Strafe für etwas, was falsch an einem selbst ist. Scham fühlt sich immer an wie ein Einzelschicksal, denn sie behauptet, dass mit einem selbst etwas außergewöhnlich falsch ist. Wenn man wüsste, dass sich alle für die gleiche Sache schämen, würde sie keinen Sinn mehr ergeben. Deswegen zieht Scham immer zuerst Schweigen und dann Aushalten hinter sich her. Wer sich schämt, hält still, egal, wie schlecht er oder sie behandelt wird, denn es fühlt sich an wie die gerechte Strafe für das, was ja so offensichtlich falsch an einem ist. Und wer sich wehrt, zieht noch mehr Aufmerksamkeit als nötig auf sich. Ich habe keine Essstörung im Internet gefunden. Ich habe den Fehler gemacht zu glauben, dass ich die wenigen anderen gefunden hätte, die genauso falsch waren wie ich, statt mich in ausnahmslos jeder Klassenstufe, in der ich war, umzuschauen und festzustellen, dass hinter jedem Jungen, der mir Beleidigungen hinterherschrie, ein halbes Dutzend Mädchen stand, das froh war, dass es nicht sie traf. Es war nichts außergewöhnlich falsch mit mir. Aber woher soll man das schon wissen, als Kind, man hat ja keine Wahl, außer der Welt zu glauben.

Der Nachteil an lückenhafter Erinnerung ist, dass man selbst an den Dingen, an die man sich erinnert, bis zum Ende zweifelt. Ich weiß nicht, wie viel von dem, was ich hier aufgeschrieben habe, wirklich stimmt. Ich bin vielleicht sogar die Allerletzte, die noch ein einigermaßen objektives Verhältnis aufweisen kann zu dem, was mir in meinem Körper passiert ist. Meine Erinnerung ist brüchig und opportunistisch. Ich unterstelle anderen, viel über meinen Körper nachzudenken, weil ich es tue, selbst wenn es nur die Gedanken daran sind, dass heute alles nicht mehr so schlimm ist wie früher. Ich habe Angst, dass Leute das über meinen Körper denken, was ich früher auch über ihn gedacht habe. Ich habe Angst vor dem Schweigen und ich habe Angst vor dem Gerede, ich habe Angst, darüber nachzudenken, was ich mit meiner Energie alles hätte anstellen können, wenn ich mehr Langeweile in meinem Leben gehabt hätte. Der Unterschied zwischen fettarmer Milch und der mit 3,5 Prozent beträgt übrigens 17 Kalorien.

*

Ich verbrachte meine Jugend aktiv damit, von Jungs *nicht* ins Schwimmbecken von Freibädern geworfen zu werden. Ich verbrachte ganze Sommer damit, meinen Freundinnen dabei zuzusehen, wie sie in Badekleidung Körperkontakt zu anderen suchten, und konnte nichts daran nachvollziehen. Ich saß im Schatten, bewachte Decken, Handys und Snacks und legte übersteigerten Wert darauf, unbeeindruckt auszusehen. Ich las Bücher so, wie man es nur tut, wenn man dabei gesehen werden will, mit weit von sich gestreckten Armen und einem betont verträumten Blick. Ich war *eine dieser Frauen*.

Im Grunde war es genauso albern, im Schatten zu sitzen, wie am Beckenrand zu stehen. Wahrscheinlich gibt es wenige Arten, als potenziell heterosexuelles Mädchen aufzuwachsen und nicht albern zu sein. Wahrscheinlich wäre das der Beginn der Katharsis, sich an den Gedanken zu gewöhnen, dass man irgendwann mal in seinem Leben *genau eine von diesen Frauen war.* Eine von diesen

Frauen, über die andere Frauen heimlich die Augen verdreht haben. Eine dieser Frauen, die auf einer Party nach einem Streit einem der wütenden Männer hinterherläuft und zu den anderen verschwörerisch sagt »Ich rede mit ihm«, so, als würde sie eine Geheimsprache beherrschen, als wäre sie die Männerflüsterin, die früher oder später jeden noch so wütenden Mann reparieren und wieder in die Gesellschaft eingliedern könne. Eine dieser Frauen, die ein paar Jahre ihrer Jugend damit verbracht hat, *nur mit Jungs* befreundet zu sein. (Was übrigens nicht ansatzweise so peinlich ist wie Jungs, die nur mit Jungs befreundet sind.) Wir alle waren irgendwann mal diese Frau.

Ich habe ganze 4 Monate meines Lebens damit verbracht, so zu tun, als würde ich mich wirklich für die Band *Blink-182* interessieren, das war kurz nachdem ich die Phase beendet hatte, in der ich *gerne Skateboard gefahren* bin, nur, um auf Skateplätzen rumzusitzen und Jungs dabei zuzuschauen, wie sie die Tricks, die ich nicht beherrschte, auch nicht beherrschten. Ich war sogar in Skateboard-Foren angemeldet, wo ich nicht nur in den Genuss kam, von erwachsenen Männern gemobbt zu werden, sondern auch den Jungen kennenlernte, der mich verlässlich über Monate hinweg so schlecht behandelte, dass ich mich dazu hinreißen ließ, ihn für meine erste große Liebe zu halten. Mir ist das heute ehrlich gesagt nicht peinlich genug. Ich habe lediglich ein bisschen Mitleid mit mir. Ich habe eigentlich erst mal Mitleid mit jeder Frau, die irgendetwas darstellt, nur, um irgendeinen Mann zu beeindrucken. Es ist verschwendete Zeit. Und es ist absolut uninteressant.

Die Fantasie, die ich nachspielte, auf Skateboards stehend und im Schatten von Freibädern sitzend, war wahrscheinlich die, die mir durch Coming-of-Age-Filme ins Hirn gehämmert wurde. Ich wollte das Mädchen sein, das sich den irdischen Freuden nie ganz hingeben kann, weil es zu tiefsinnig ist, so lange, bis es dann von einem älteren Jungen, der natürlich auch tiefsinnig ist, dabei beobachtet wird, wie sie tiefsinnig ihre Arme vorm Körper verschränkt und aktiv die Welt nicht versteht. Mein erster Lieblingsfilm war *Girl's Club*, meine Nachbarin hatte ihn auf DVD und wir sahen ihn uns beklemmend oft hintereinander an, wir konnten die Dialoge mitsprechen und kündigten uns unsere Lieblingsszenen Minuten vorher mit einem Crescendo hysterischen Lachens an, wir waren verliebt in den *süßen Jungen*. Es gibt in solchen Filmen immer eine absolut überschaubare Menge an *süßen Jungs*, meist ist es nur einer, oder, wenn es zwei *süße Jungs* gibt, entpuppt sich einer der beiden spätestens nach zwei Dritteln des Filmes als *mieser Typ*, das muss so sein, weil jede Art von emotionaler Komplexität Teenager-Filmen schaden würde. Der große Preis, den es in solchen Filmen für die weibliche Hauptdarstellerin zu gewinnen gibt, ist die Anerkennung und Liebe des *süßen Typen*. Dieser Preis wird weniger wertvoll, je mehr *süße Typen* es gibt. Süße-Typen-Inflation. Wer kennt sie nicht? Wir versuchten, die Outfits der Hauptdarstellerin Lindsay Lohan nachzustellen. *Girl's Club* handelt von Cady, die das erste Mal in ihrem Leben auf eine typische amerikanische Highschool kommt, da ihre Eltern bisher als Zoologen in Afrika gearbeitet haben. (Ja, tatsächlich behauptet der Plot schlicht, sie hätten in *Afrika* gearbeitet, zumindest diese Szene des Films ist, sagen wir, *schlecht gealtert.*) Cady kann mit dem Leben und der Mischung aus Cheerleader- und Jock-Kultur nichts anfangen, sie hat keine Ahnung von US-amerikanischer Popkultur und versteht nichts von Mode oder Schminke. Sie freundet sich mit der gemeinen Regina an, wird selbst kurz gemein, nur, um am Ende gemeinsam mit allen anderen sehr pädagogisch zufrieden zu sein. Ich hatte, wie angedeutet, eine ausgeprägte Obsession mit diesem Film. Ich glaube, alle Frauen in meinem Alter hatten eine Obsession mit diesem Film. Und wenn es nicht dieser war, dann wird es einer der anderen Mädchen-Filme aus den 2000er-Jahren gewesen sein:

* *Plötzlich Prinzessin*, in dem die nerdy und burschikose Anne Hathaway erfährt, dass sie die Prinzessin eines Zwergstaates ist, und dafür lernen muss, wie eine echte Prinzessin sich verhält
* *Der Teufel trägt Prada*, in dem die nerdy und burschikose Anne Hathaway einen Job bei einem renommierten Modemagazin bekommt und dafür lernen muss, wie eine echte Modemaus sich verhält
* *Miss Undercover*, in dem die nerdy und burschikose Sandra Bullock als Geheimagentin in einen Schönheitswettbewerb eingeschleust wird und dafür lernen muss, wie sich eine echte Schönheitskönigin verhält
* *Rebell in Turnschuhen*, in dem die nerdy und burschi-

kose Missy Peregrym als Schülerin auf ein Internat für Sportgymnastik geschickt wird.

Alles in allem muss man sagen, dass die Plot-Dichte bei publikumsstarken Teenager-Filmen in den frühen Nullerjahren eher überschaubar war. Frauen, deren Heldenreise allein dadurch als begonnen erklärt wird, dass sie *außergewöhnlich* sind, da sie *anders als andere Frauen* waren, lernen, dass sie andere Frauen nicht mögen, weil sie oberflächlich/hohl/hinterhältig/intrigant sind, nur, um dann festzustellen, dass andere Frauen gar nicht so oberflächlich/hohl/hinterhältig/intrigant sind, wie sie zu Anfang befürchtet hatten, um sich am Ende mit allen anderen Frauen in der charakterlichen Mitte von allem zu treffen. Das Ziel von Mädchenfilmen der Nullerjahre war die fröhliche Mittelmäßigkeit von Frauen.

Zu ihrer Verteidigung muss man vielleicht sagen, dass die Nullerjahre außerdem den Höhepunkt von Girl Bands und Girly-Kultur markierten: niedlichen Frauen, die in niedlichen Outfits den Gipfel der Harmlosigkeit erklommen. Parodien dieser Girlies in Filmen wie *Girl's Club* und *Der Teufel trägt Prada* sind heute vielleicht aus der Zeit gefallen, aber, und das hält man Dingen, die aus der Zeit gefallen sind, selten zugute, zumindest müssen sie dafür ja irgendwann mal zeitgemäß gewesen sein. Dass Girlies als irre anstrengend empfunden wurden, hatte sicher schon damals mindestens mit einem vagen Grundgefühl von Sexismus zu tun, genau wie die Tatsache, dass sich die Subkultur Girlies überhaupt etablieren konnte, dass sich offenbar alle Filmschaffenden der

Vereinigten Staaten innerhalb weniger Jahre darauf geeinigt haben, dass jede Art von Teenager-Massenkultur dadurch bestritten werden kann, dass es schlechte Mädchen gibt (Girlies!) und gute Mädchen (keine Girlies!!).

Man muss andererseits aber sagen, dass es vermutlich kein Jahrzehnt gab, in dem Teenager-Filme so bösartig und mit Anlauf unpädagogisch hohl und sexistisch waren wie das, in dem ich gelernt habe, längere Zeit erfolgreich am Stück in einen Fernseher zu schauen. (Nur zum Vergleich: Die vermutlich einflussreichsten Teenie-Filme der Zehnerjahre waren *Booksmart*, *The Perks of being a wallflower*, *Scott Pilgrim* und *The Fault in our Stars*. Bitte fragt nie wieder, wieso Gen Z gut drauf und politisch ist.) Die Nullerjahre waren Popkultur auf Steroiden, und sollte noch mal ein älterer Herr mit Immobilien-Portfolio im Düsseldorfer Speckgürtel eine ganze Generation beleidigen wollen, weil er Millennials als *Schneeflocken* bezeichnet, sollten die Schneeflocken einfach wissend nicken und sagen: Wir mussten erwachsen werden mit Hüfthosen, Eurodance und sexistischen Teenie-Filmen. Wer da nicht etwas überempfindlich wird, hat auch irgendwas von der Welt nicht verstanden.

Das Erstaunliche an Filmen wie *Plötzlich Prinzessin*, *Cinderella Story*, *Der Teufel trägt Prada*, *Girl's Club* und *Rebell in Turnschuhen* ist, dass die Drehbücher alle von Frauen stammen. Das ist einerseits naheliegend, wenn man als Filmbranche versucht, eine neue Generation emotional beeinflussbarer und bald kaufkräftiger junger Mädchen zu erschließen, andererseits für den Beginn der Zweitausender in Sachen Repräsentation und Diversität noch eher ungewöhnlich. Man kann davon ausgehen, dass die platten Geschlechterrollen, die immer wiederkehrenden Plots von Mädchen, die anders sind als andere Mädchen, die Nasenringe und BMX-Fahrräder, die als Marker für die *coolen* Mädchen genutzt werden, die nämlich, die sich nicht für *Mädchenkram* interessieren (sondern, um diese in den Filmen immer beschriebene Leerstelle einmal zu benennen, für *Jungskram*, den coolen Kram, also), auch so zustande gekommen sind, weil sie durch ein System geschickt wurden, das Drehbücher modifiziert, in Sachen Dummheit und Innovationslosigkeit an die Trash-Kultur angleicht, in der sie funktionieren müssen. Man kann aber fairerweise auch davon ausgehen, dass die Frauen, die diese Drehbücher geschrieben haben, na ja, diese Drehbücher geschrieben haben. Die Flut an Mädchen-Filmen, die alle das Richtige von der Welt wollten, nämlich Geschichten über Freundschaft und Liebe erzählen, und dabei versehentlich Geschichten über weibliche Konkurrenz und *pick me girls* erzählt haben, die allesamt von Frauen geschrieben (und teilweise auch produziert) wurden, sind der erste große Meilenstein der Einsicht, dass Frauen Teil des Problems sind, solange sie Popkultur machen wollen, die nicht für Frauen ist, sondern für Frauen, die von Männern dabei gesehen werden wollen, wie sie Popkultur konsumieren. Vermutlich würde keine der Frauen, die die Drehbücher zu diesen Filmen geschrieben haben, heute diesen Film noch so machen. Um ehrlich zu sein, ist das vielleicht eine Grundregel, die für die meisten Erzeuger*innen* von Popkultur gilt. Das meiste, was zeitgemäß ist, fällt irgendwann auch aus der Zeit. Und die meisten Menschen, die es schaffen, Zeitgemäßes zu produzieren, haben ein Gefühl für Zeitgeist und sind die Ersten, die merken, wenn das, was sie irgendwann erschaffen haben, heute so nicht mehr funktioniert.

All diese Filme sind harmlos. Natürlich haben ich und viele andere Mädchen durch diese Filme beigebracht bekommen, dass Schminke doofer ist als Skateboarden, dass Frauen tendenziell nicht gut in Mathe sind und die Mädchen, die es schaffen, Hauptfiguren in ihrem eigenen Leben zu sein, das dadurch erreichen, dass sie möglichst wenige *weibliche* Charakterzüge an den Tag legen. Aber es sind Teenager-Filme. Wenn die menschliche Psyche es tendenziell schafft, schlimmste Traumata loszuwerden, wird eine Generation junger Frauen es auch schaffen, darüber hinwegzukommen, dass Cady aus *Girl's Club* so getan hat, als wäre sie schlecht in Mathe, nur, um ihren Schwarm zu beeindrucken. (Das ist übrigens wirklich eine der Plotlines, die damit endet, dass Cady dies ihrem Schwarm unter Tränen beichtet und er *wütend* wird.)

Es ist eine relativ anspruchslose Aufgabe, einen 20 Jahre alten Unterhaltungsfilm nach heutigen gesellschaftlichen Maßstäben auseinanderzunehmen, nur, um zu dem Schluss zu kommen, dass er 20 Jahre alt ist. *Der Teufel trägt Prada* handelt von einer jungen Frau, die sich in der brutalen Fashion-Branche New York Citys so verliert, dass sie ihre Freunde und sogar ihren Partner vernachlässigt, bis dieser sich von ihr trennt.

Heute würde man sagen, der Film handelt von einem weinerlichen Freund, der es nicht erträgt, dass seine Mitte-zwanzig-jährige Freundin sich in eine Richtung entwickelt, die nicht in sein Leben passt. Die Tatsache, dass seine Freundin heute besser angezogen ist als früher, findet er zwar rattenscharf, macht sich gleichzeitig aber über ihren Lebenswandel auf erniedrigende Art und Weise lustig.

Es kann aber eben auch tröstend sein, festzuhalten, dass die Effekte, die die erfolgreichsten Teenager-Filme auf Mädchen hatten, universell sind und die Lehren, die daraus gezogen wurden, bis heute Einfluss auf die Leben von jungen Frauen nehmen können. Diese Filme haben Begehrlichkeiten ausgelöst, junge, beeinflussbare Frauen wollten *natürlich* sein wie mindestens eine der Heldinnen aus einem dieser Filme. Und die Heldinnen dieser Filme waren eben vor allem dadurch einzigartig, dass sie anders als andere Frauen waren.

Und dann kam *Girls.* Lena Dunham hat mit ihrer Serie den Versuch unternommen, eine neue Erzählung über Frauen in New York (und, weil sich in Europa popkulturell ja die gesamten Vereinigten Staaten anfühlen wie New York und New York wie die ganze Welt, auch darüber hinaus) zu etablieren. Die urbane Legende, die sich um *Girls* rankt, lautet, dass Dunham die Serie mit nur einer Seite Konzept verkauft hat, auf der sie erklärt, wieso sie und ihre Freundinnen mit den Frauen aus *Sex and the City* nichts anfangen können, wieso ihre Leben nichts damit zu tun haben und wieso die Frauen, die sie kennt, es verdient haben, dass ihr Leben in einer

Serie gezeigt wird. *Girls* war der Versuch, *echte* Frauen zu zeigen, in realistischen Wohnungen, mit realistisch toxischen Beziehungen und Lebenswegen, die gerade noch stringent genug sind, um sie über sechs Staffeln hinweg zu erzählen. Nicht jede Frau in meinem Alter hat *Girls* bis zum Ende gesehen, aber viele haben eine Meinung dazu. Ich habe die Serie zu Beginn tagelang ohne Pause geschaut, war fasziniert von Dunhams unperfektem Körper, den sie ständig nackt zeigt. Um ehrlich zu sein, denke ich, wir werden bis zum Ende der Geschichte keine abschließende Antwort darauf finden, ob diese wirre und manchmal anstrengende Serie auch funktioniert hätte, wenn Lena Dunham eine klassische, schlanke Schönheit wäre. Ich war fasziniert von der gleichgültigen Richtungslosigkeit, mit der sie sich als Hauptfigur durch ihr Leben bewegt. Die Serie geht auf im zwischenmenschlichen Nichts. Je mehr Folgen von *Girls* ich mir heute anschaue, desto weniger weiß ich, was *echte Frauen* sein sollen. Ich schaue mir diese Frauen gerne an, sie haben für mich aber so viel mit der Realität zu tun wie *Batman* oder *Matrix*. Nur, dass eben die ständige Behauptung im Raum steht, dass moderne Serien mit modernen Frauenbildern *Lebensrealitäten* abbilden wollen, und *wahre Probleme*, die direkt aus dem *Leben von Frauen* gegriffen wurden. Jahrzehntelang waren Frauen popkulturell höchstens das Beiwerk für einen Plot, die schöne Geliebte oder die strenge Ehefrau, die zweite oder dritte Hauptfigur, die im Drehbuch ausgearbeitet wurde, nachdem die richtige Handlung – die mit den Männern – zu Ende erzählt war. Die Gegenbewegung davon versucht, Frauen ernst zu nehmen, sie nicht als Hure, Mutter oder Krankenschwester zu stilisieren, also als Rolle, die immer irgendwie in Bezug zu einem Mann steht, für den sie eine Funktion erfüllen kann. Die Gegenbewegung will die dunklen Seiten von Frauen, gerade von jungen Frauen, zeigen, die verdrehten und unglücklichen Seiten, die, die nicht auf der Suche nach der großen Liebe sind, sondern nur nach einem einigermaßen erträglichen Überleben in der Großstadt.

Ich weiß nicht, wo diese Frauen leben sollen, ich kenne sie nicht. Ich sehne mich fast wieder nach den überhöhten und für alle offensichtlich unrealistischen Erzählungen von den Frauen in *Sex and the City*, mit Wohnungen und High Heels – die nur Karikaturen sein können, weil zu groß und zu hoch –, die sich in aller Banalität der Frage nach der Form von Penissen und der Echtheit von Bisexualität gewidmet haben, ohne dabei aus Angst, eine zu unterkomplexe weibliche Lebensrealität abzubilden, sicherheitshalber ein paar Kindheitstraumata mit in den Brunch zu werfen. Ich sehne mich nach diesen Frauen, weil sie viel mehr mit meinem Leben zu tun hatten als die, die als im Kern kaputt und einsam dargestellt werden, als sexsüchtig und uneitel, als angewidert von der Welt und gleichgültig dem eigenen Glück gegenüber. Frauen sind oft irre normal, wenn man sie lässt.

Diese erzählten Frauen leben alle von der Behauptung, dass sie *cool* seien, auf eine verdrehte, manchmal dunkle Art und Weise. Diese Coolness, diese vermeintliche Gleichmütigkeit der Welt gegenüber, existiert aber meistens nur, weil gleichzeitig behauptet wird, dass diese Frauen größere, wichtigere Probleme haben. Sie haben schwerwiegende psychische Leiden, haben beste Freundinnen oder Kinder verloren, wurden in ihrer Jugend sexuell belästigt oder sogar missbraucht. Es ist eine falsche Coolness, die diese Frauen sich nur erlauben können, weil ihr eigenes Leben ohnehin außerhalb einer Welt passiert, von der sie behaupten können, dass sie ihnen egal sei.

Die Hauptfigur in *Fleabag* straft mit vermeintlich emotionaler Unnahbarkeit die Menschen in ihrem Umfeld ab, die ganze Heldenreise der Serie beginnt und endet mit der Tatsache, dass *Fleabag* es schafft, dann doch so was wie Emotionen zu zeigen, weil sie zum einen einen Mann trifft, der sie *wirklich* berührt und weil gleichzeitig ihre Schwester auch einen Mann trifft, der diese *wirklich* berührt. Phoebe Waller-Bridge hat in *Fleabag* das Konzept umgedreht, das männliche Coming-of-Age-Filme und -Serien über Jahrzehnte ins Absurde gedreht haben: Irgendwann kommt der männlichen Hauptfigur eine Frau unter, die so anders ist, so außergewöhnlich, *anders als andere Frauen*, dass er nicht anders kann, als seine Fassade der Unnahbarkeit fallen zu lassen. In Fleabag sind die Frauen die toughen, promisken, teilweise hinterhältigen Personen, die Männer sind mit Ausnahme der beiden goldenen Männer, die Fleabag und ihre Schwester in die Emotionalität stürzen anhängliche Witzfiguren oder Pointen am Rande des Drehbuchs. *Fleabag* behandelt Männer, wie Serien Frauen seit Beginn von Serien behandelt haben, und das Ergebnis ist rührend und besonders. Es erzählt nur nichts über Frauen, es erzählt etwas über Frauen, die wie Männer sind. Während *Girls* Anfang der Zweitausender tatsächlich in völliger Übertreibung eine Geschichte darüber war, wie neurotisch, unsortiert, selbstbezogen und anstrengend junge Frauen sein können, ist *Fleabag* eine Erzählung darüber, wie sehr Frauen mittlerweile gelernt haben, wie Männer zu sein.

All diese Serien versuchen, Frauen zu zeigen, wie sie auch sein könnten, und stellen damit unbewusst und unbeantwortet die Frage in den Raum, was so falsch ist an der Art, wie Frauen meistens sind: selbstironisch, aber verunsichert, absolut und ständig auf Männer konzentriert, auf die, mit denen sie ins Bett wollen, oder die, die sie erzogen oder eben nicht erzogen haben, voller Angst, zu viel Raum einzunehmen, mit einem Reflex ausgestattet, in jedem Moment darüber nachzudenken, wie sie aussehen und auf ihre Umwelt wirken. *Fleabag* und *Girls* erzählen mehr darüber, wie Frauen gerne wären, als darüber, wie Frauen vermutlich sind. Ich habe jede dieser Serien geguckt und in Teilen hysterisch inspiriert versucht, mir Verhaltensweisen oder zumindest Lehren von diesen Frauen für mein Leben abzuschauen. Sobald man das einmal tut, all die schulterzuckende Gleichgültigkeit, mit der man plötzlich ansetzt, durch die Welt zu laufen, merkt man, wie unauthentisch sich das anfühlt für eine Person, deren Geschlechtsidentität sogar eine eigene Arbeitsdimension bekommen hat, die *Care-Arbeit* heißt. Es wäre so schön, wenn es anders wäre, aber die meisten Frauen kümmern und sorgen sich mehr als Männer. Sie haben das antrainiert und beigebracht bekommen. Die Sehnsucht nach gleichgültigen und deswegen coolen Frauen ist nachvollziehbar, aber in der Imitation halt wieder ganz schön viel Arbeit.

Coolness ist erst mal nichts außer der Behauptung, dass die Welt einem nichts anhaben kann, dass man souverän und unbeeindruckt auf sie reagiert, dass man die Erwartungen, die an einen gestellt werden, erfüllt und sogar übertrifft. Deswegen gibt es auch keine coole Art, Outdoor-Jacken und Trekking-Sandalen zu tragen, jede Art von Funktionskleidung ist das für alle offensichtliche Eingeständnis, dass man Unterstützung bei der Bewältigung von Wetter braucht. Deswegen stehen Teenager-Jungs im Herbst frierend in kurzen Hosen auf dem Pausenhof und Teenager-Mädchen streiten mit ihren Eltern darum, ob sie wirklich eine Jacke mitnehmen müssen. Coolness ist die Behauptung davon, dass man weniger als andere unter Dingen leidet, unter denen alle leiden, keine Angst hat vor dem, vor dem alle offenbar Angst haben. Männer, die sich mit der ständigen Behauptung konfrontiert sehen, besonders hart, mutig und stark sein zu müssen, können ihre Coolness in Filmen und Serien tatsächlich dadurch herstellen, dass sie charmante Einzelgänger sind, dass sie schnell und souverän Auto fahren und sich gegen ihre Chefs und *das System* stellen, Probleme lösen und schöne Frauen flachlegen. (Habe ich gerade jeden Bond-Film jemals nacherzählt?)

Als Teenagerin wollte ich unbedingt cool sein. Ich habe mich nach den Momenten gesehnt, in denen ich unter Beobachtung von am besten direkt Hunderter anderer Menschen völlig nebensächlich einen Schlüsselbund im Laufen mit einer Hand fangen würde, am besten, ohne hinzusehen; ich wollte zu spät in den Matheunterricht kommen und mit einem Blick auf die Tafel die Lösung für eine unübersichtliche Gleichung kennen, diese natürlich auf die leicht spöttische Nachfrage des Lehrers noch im Gehen zu meinem Platz laut sagen, dann Schweigen, dann Ehrfurcht, dann lebenslange Anerkennung und so weiter. Ich verbrachte große Mühe darauf, mit einer Lederjacke, die ich zu meinem 12. Geburtstag bekommen haben muss, durch die Gänge meiner Schule zu laufen, in meinem Kopf natürlich diverse Szenarien ausmalend, die deutlich spannender und glamouröser waren (auf dem Weg zum Schulleiter, weil ich Mülltonnen angezündet hatte oder so), als die Realität (auf dem Weg zum Erdkunde-Unterricht, gleich ein Referat haltend über tektonische Platten). Im Nachhinein betrachtet hatte meine Vorstellung von Coolness schon immer erstaunlich viel damit zu tun, im Laufen irgendwelche Dinge zu erledigen, für die man in der Regel eigentlich sitzen muss.

Ich wusste eigentlich nicht einmal, was genau Coolness war. Ich ahnte, dass meine Lederjacke etwas damit zu tun hatte, genauso wie Skateboards, Sonnenbrillen und mein T-Shirt von *Die Ärzte*. Mit 12 Jahren versuchte ich alles, was ich als cool empfand, auf einen Haufen zu werfen und diesen Haufen meinen Charakter zu nennen. Und an wenigen Dimensionen der Selbstverwirklichung scheitert man als junger Teenager wohl so kläglich wie an dem Versuch, wirklich cool zu sein. Es sind zwei Konzepte, die sich gegenseitig ausschließen, auch wenn unendlich viele junge Menschen versuchen, sie in Einklang zu bringen: wirklich, ehrlich cool sein und morgens von Mama ein Butterbrot geschmiert bekommen. Ich habe mir meine Version von Coolness natürlich auch nur in der Popkultur abgeschaut – bei Frauen, die ich für cool hielt, bei denen die Behauptung im Raum stand, dass sie cool seien. Ich war dankbar dafür, dass es scheinbar eine antrainierbare Charaktereigenschaft gab, die ich dafür nutzen könnte, mir die Welt, die mir jeden Tag so unglaublich viel Angst gemacht hat, vom Leib halten zu können.

Ich befürchte, Coolness hat immer mit Angst und Unsicherheit zu tun. Und ich glaube, dass Frauen, die ängstlich und unsicher sind, kaum eine andere Wahl haben, als das zu nehmen, was da draußen in der Welt in Sachen Coolness so rumfliegt. Nicht so sein wie Frauen. Anders sein als andere Frauen. Männer nachahmen.

Eigentlich müsste weibliche Coolness anders aussehen als die von Männern, als die, die wir in Filmen und Serien gezeigt bekommen, weil die Welt Frauen zu nahe kommt. Frauen haben andere Ideale und andere naheliegende Ängste. Frauen sollen anmutig sein und schön, elegant, ohne dabei angestrengt zu wirken. Schlank, ohne Sport zu machen oder nur Salat zu essen. Ebenmäßig, ohne zu viel Zeit im Badezimmer darauf zu verwenden. Emotional verfügbar, ohne zu anhänglich zu werden oder zu viel Therapie zu machen. Sie sollen bereit sein, die Welt um sie herum schöner, angenehmer, lebenswerter zu machen, ohne dabei den Eindruck zu erwecken, dass das in irgendeiner Weise eine Anstrengung darstellt. Ich möchte coole Frauen sehen, die deswegen cool sind, weil sie die Welt und die Anforderungen, die sie an Frauen hat, ignorieren. Ich möchte Frauen in Filmen sehen, die sich stundenlang schminken und die Männer verlassen, die es wagen, sich darüber lustig zu machen. Ich möchte Frauen in unordentlichen Wohnungen sehen, Frauen, die nicht ungefragt die Geburtstagsgeschenke für ihre Schwiegereltern besorgen. Frauen, die sich ihre Bäuche reiben und darüber amüsiert sind, dass ihre Bäuche weich und ein bisschen wabbelig sind. Frauen, die in Kneipen süße Drinks bestellen, während die Männer um sie herum Bier trinken. Frauen, die sich nach dem Essen den obersten Knopf der Jeans aufmachen und im Schaufenster kontrollieren, ob ihre Haare noch gut sitzen, die zugeben, dass sie sich nicht auf ein Gespräch konzentrieren können, weil sie an nichts anderes denken können als daran, ob ihr Gegenüber bemerkt hat, wie sehr sich ihr Make-up in den feinen Falten direkt unter den Augen gesammelt hat. Das alles ist eine Coolness, die es in Filmen und Serien nicht gibt, zumindest nicht bei den Protagonistinnen. Die Verantwortung für diese Erzählung wird abgeladen auf pummeligen Freundinnen, die als *Comic Relief* in Drehbücher geschrieben werden, oder auf nicht weiße Frauen, die aus in der Geschichte bis zum Ende nicht geklärten Gründen tough sind. Die Hauptfigur ist dann eine meist von ihrer Existenz verunsicherte Frau.

Im besten Falle ist Coolness nur ein Zwischenschritt,

manchmal brauchen Menschen sie, aus dem gleichen Grund, aus dem Menschen manchmal Ironie brauchen. Die Welt macht einem Angst und es ist tröstend zu wissen, dass man sie mit einer Pose zumindest für ein paar Stunden auf Abstand halten kann. Darüber hinaus ist Coolness völlig überbewertet. Es gibt eine ganze Reihe von Dingen, die Menschen sein können, die viel interessanter sind als cool. Menschen können freundlich sein. Oder aufmerksam. Witzig. Man kann besonders weiche Hände haben oder diese eine Person im Freundeskreis sein, die immer Ibuprofen in der Tasche hat.

Als ich fertig damit war zu versuchen, cool zu sein, habe ich versucht, so kaputt zu sein wie die Frauen in Serien, mit denen ich aufgewachsen bin. Ich habe versucht, so neurotisch und gescheitert zu sein wie Lena Dunham in *Girls*, so weltfremd vom Leben überfordert wie Serena in *Gossip Girl*. Selbst heute als erwachsene Frau habe ich eine Faszination für die Kaputtheit weiblicher Serienfiguren. Ich sehne mich danach, so geheimnisvoll zu sein wie Rue in *Euphoria* (ohne die Drogenabhängigkeit) oder so dunkel-einzelgängerisch wie Fleabag (ohne für den Tod meiner besten Freundin verantwortlich zu sein). Ich bin in einer Zeit aufgewachsen, in der der Versuch unternommen wurde, *komplexe* Frauenfiguren zu erzählen, das sollten Frauen sein, die einen Gegenentwurf darstellen sollten zu einer einfältigen Fröhlichkeit von den Freundinnen aus *Sex and the City* oder *Gilmore Girls*.

Im Grunde sind wir also auf dem richtigen Weg: Frauen werden ernster genommen als noch vor einigen

Jahren. Was auf der Strecke bleibt, ist die langweilige Frau. Die banale Frau. Die uncoole Frau, nicht die, die uncool ist in diesem »Ich fahre Skateboard und trinke Bier, ich schminke mich nicht und mit Shopping kann ich nichts anfangen«-Sinne, sondern, die, die einfach vor sich hin existiert, ohne durch ihren Charakter direkt etwas über die Welt im Allgemeinen aussagen zu wollen.

Die Frauen, die ich kenne, sind weniger traumatisiert als die, die uns pausenlos erzählt werden. Sie sind weniger komplexbeladen, sie mögen ihre Körper nicht unbedingt, aber sie leiden nicht ständig unter ihnen. Die ersten großen Lieben dieser Frauen waren weniger traumatisch, ihre Väter und Mütter sind so, wie die Väter und Mütter dieser Generation eben in der Regel so sind. Diese Frauen suchen nicht ständig nach Liebe, die sie als Kinder nicht bekommen haben. Die Frauen, die ich kenne, machen Witze über Feminismus und sich selbst, nicht, weil beides ihnen egal ist, sondern weil sie beides so wichtig nehmen, dass sie wissen, dass beides auch mal einen Witz aushalten können muss. Die Frauen, die ich kenne, finden das meiste, was im Internet zu Frauen und ihren Körpern geschrieben wird, etwas zu doll. Die Frauen, die ich kenne, schlafen nicht mit den Freunden ihrer besten Freundinnen, sie sind auch keine krankhaften Einzelgängerinnen. Die Frauen, die ich kenne, verlieben sich ab und zu in ein Arschloch und lachen ein paar Monate später darüber. Diese Frauen schämen sich ein wenig zu oft und verzweifeln manchmal an der Welt, aber alles in allem sind diese Frauen viel durchschnittlicher, glücklicher und weniger neurotisch als die Frauen, die Filme und Serien uns in den vergangenen Jahren präsentiert haben. Diese Frauen haben durch die großen Frauenserien ihrer Generation beigebracht bekommen, dass die interessanten, die attraktiven, die coolen Frauen vor allem deshalb interessant, attraktiv und cool sind, weil sie völlig kaputt sind.

Am Ende des Jahres 2022 kündigte das Supermodel Kate Moss an, dass sie, wie so viele andere berühmte weiße Frauen, eine Marke für Wellness-Artikel plane. Das veranlasste eine britische Journalistin dazu, eine nahezu verzweifelt-nostalgische Kolumne zu schreiben, die sich damit befasst, wieso all die *cool girls* heute in die Belanglosigkeit abdrifteten. Selbst Moss, schrieb sie, würde heute in Interviews vor allem darüber sprechen, wie gerne sie Zeit in ihrem Garten verbringe. Der Artikel wurde bebildert mit einem Foto von Moss aus einer für die Autorin offenbar besseren Zeit: Moss, Anfang der Zweitausender, betont desinteressiert rauchend an einem Dinner-Tisch auf einer Party. Als ich den Artikel las, fiel mir auf, dass ich den Gedanken, dass ein ehemaliges Topmodel heute in erster Linie Geranien züchtet und im Rahmen der Möglichkeiten ihrer Industrie in Würde altert, irre cool fand. Mir fiel außerdem auf, dass ich mich danach sehnte, dass diese Coolness, die dieses Foto der Zweitausender-Moss zeigte, für immer begraben würde. Es ist eine Coolness, die wir kennen. Aus Actionfilmen und einfallslosen romantischen Komödien.

Vielleicht ist eine gute Faustregel für Coolness: Sie ist

nicht echt, wenn sie nur mit Publikum funktioniert. Nichts an einer unbeeindruckt rauchenden Kate Moss kann noch cool sein, wenn niemand um sie herum da wäre, der ihr dabei zuschaut und von dem sie gleichzeitig unbeeindruckt sein kann. Vielleicht ist es noch zu früh dafür, dass Frauen allen Ernstes so tun, als würden sie die Welt nicht bemerken, die ihnen jeden Tag so viel mehr Mühe macht als Männern. Im Grunde kann also wenig cooler sein, als sich im eigenen Garten vor den Menschen zu verstecken.

Schön- und Coolsein hat für Frauen unabdingbar miteinander zu tun. Die Art von Coolness, die man Frauen heute unterstellt, als wäre es eine Kulturtechnik, besteht immer zumindest zu Teilen daraus, sich dem normalen Zurecht- und Hübschmachen zu entziehen, zumindest in der Illusion. Natürlich führt das aber nicht dazu, dass Frauen plötzlich wirklich nicht mehr auf ihr Äußeres reduziert werden. Coolness bedeutet dann einfach nur, es zu schaffen, weiterhin wunderschön auszusehen, obwohl man wenig geschminkt und beiläufig gekleidet ist. Coolness, so, wie sie heute für Frauen zu funktionieren hat, ist lediglich etwas, was für ohnehin wunderschöne Frauen zu funktionieren scheint. Und es ist nahezu untrennbar mit Dünnsein verknüpft. Der vermeintliche *Cool-Girl*-Look, der, bei dem eine Frau einfach eine Jeans anzieht und ein Tanktop, ein Paar Turnschuhe und sich die Haare zum Pferdeschwanz bindet, funktioniert als Coolness-Erzählung nur bei Frauen, die Körper haben, die von der Gesellschaft als weder versteckens- noch verbesserungswürdig gelten. Nur Körper, die ohnehin gut so zu sein scheinen, wie sie sind, dienen als geeignete Fläche für die vermeintliche Nachlässigkeit, mit der Coolness immer einhergeht.

Eine *coole* Frau sein und ein *pick me girl* sein sind im Grunde das Gleiche, es ist immer die Öffentlichkeit und ein kollektives Bauchgefühl, die darüber entscheiden, welche Frau offenbar authentisch vermeintlich männliche Attribute an den Tag legt und wer es tut, um Männer zu beeindrucken. Das Topmodel Kendall Jenner wird seit Jahren als *pick me girl* bezeichnet, weil sie sich für Sport interessiert und in ihrer Freizeit ungeschminkt und in weiter Kleidung von Paparazzi abgelichtet wird. Die Hollywood-Schauspielerin Zendaya wiederum gilt als das ultimative *cool girl*, obwohl sie exakt das auch tut. Beide sind ähnlich erfolgreich in ihren Branchen. Wer *pick me girl* ist und wer einfach cool, hat eben auch viel mit Willkür und Glück und Zufall zu tun. Das macht dieses Überurteil im Grunde auch so irrelevant, vor allem, wenn es mit der Behauptung feministischer Schlagkraft einhergeht. Jede Frau kann für nahezu alles, was nicht vollständig weiblichen Klischees entspricht, als *pick me girl* bezeichnet werden, ohne dass dafür nähere Beweise angetreten werden müssen. Es ist Bauchgefühl-Feminismus, der vor allem deswegen funktioniert, weil Frauen am Ende des Tages genauso gerne andere Frauen abwerten, wie sie es schon immer getan haben. Heute darf das aber nur noch mit der Behauptung der konstruktiven Patriarchatskritik passieren.

*

Ich habe so eine Sache mit Männern ohne Führerschein am Laufen, ich verliebe mich bedenklich oft in sie. Wenn man sich überlegt, dass nur soundso viele Männer in Deutschland keinen Führerschein haben und ein Großteil meiner bisherigen Lebenspartner keinen hatte, bin ich einem vermutlich seltsamen Muster auf der Spur. Vielleicht ist es auch eine von diesen Sachen, wo ein Statistik-Professor ganz schnell darauf hinweisen würde, dass die Nichtanwesenheit eines Führerscheins nur das Symptom der eigentlichen Sache ist, dass ich also nicht auf Männer *ohne* Führerschein stehe, was ja wirklich ein seltsamer Kink wäre, sondern die Eigenschaften, die ich bei Männern suche, damit einhergehen, dass sie sich seltener dazu entscheiden, einen Führerschein zu machen. Aber wer will schon Statistik-Professoren fragen.

Also: Ich stehe auf Männer ohne Führerschein.

Ich habe ein doppelt-emotionales Verhältnis zu Führerscheinen, weil mein Führerschein für mich gleich zweimal in einem Jahr dieses seltsame Versprechen von Freiheit eingelöst hat, das ihm immer angehängt wird. Die ersten paar Monate bis ich 18 war, durfte ich nur in Begleitung eines Erwachsenen fahren, meistens saß meine Schwester auf dem Beifahrersitz und erfüllte ihre Funktion als verantwortungsvolle Begleitperson dadurch, unbemerkt die Warnblinkanlage anzuschalten, wenn ich auf der Autobahn fuhr. Als ich dann 18 wurde und alleine fahren durfte, wurde dieses Gefühl potenziert. Ich nutzte meine Freizeit in Zukunft für zwei Dinge: Ich fuhr durch die Vogesen und zu IKEA. Ersteres tat ich, weil es bescheuert schön ist, Zweites tat ich, weil ich bis heute glaube, dass ich mit nur einem Besuch bei IKEA zu einer völlig neuen, einer besseren Person werden kann. Mein neues Hobby wurde es, im Abstand von wenigen Monaten zu IKEA zu fahren und ein Möbelstück, das ich mir dann endlich leisten konnte, zu kaufen, zu Hause alleine aufzubauen und das alte, das ich meist schon meine ganze Kindheit und Jugend hatte und das dementsprechend mit Pokémon-Stickern, Jungsnamen und anderen Peinlichkeiten vollgeschmiert war, damit zu ersetzen. Ich habe noch nie in meinem Leben ein Möbelstück zu zweit aufgebaut. Mit 18 Jahren kam es mir wie eine unendliche Freiheit vor, alleine zu IKEA fahren zu können, alleine in den großen Lagerhallen die schweren Teile auf den Einkaufswagen und vom Einkaufswagen anschließend alleine in mein Auto und zu Hause dann alleine in mein Kinderzimmer zu wuchten, um all das alleine auszupacken und alleine, teilweise unter Einsatz meiner ganzen mir dann manchmal noch kindlich vorkommenden Kraft, aufzubauen und aufzustellen. Manchmal musste ich in den Pausen, die ich zwischen Werkzeug und Kartonagen sitzend verbrachte, daran denken, dass meine Mutter in der Grundschule meinen Schulranzen gewogen hat, damit ich nicht zu schwer tragen müsste. Die Tatsache, dass ich nur ein Jahrzehnt später ganze Kleiderschränke alleine aufstellte, kam mir genau wie das Maß an Fortschritt vor, das ich glaubte, mir verdient zu haben.

Menschen eskalieren ja erst über die Jahre. Mein IKEA-Einsiedlertum gipfelte irgendwann darin, dass ich im Studium eines Tages beschloss, ein deckenhohes Regal für meine Küchengeräte zu brauchen, woraufhin ich meine Seminare für den Tag schwänzte, in mein Auto stieg und zu IKEA fuhr, um ein deckenhohes Regal zu kaufen, das ich in Etappen die fünf Stockwerke bis in meine Wohnung im Dachgeschoss schleppte. Nichts daran kam mir seltsam vor.

Irgendwann bekam ich Angst davor, Auto zu fahren, was nachvollziehbar ist, weil ich es vor allem für anstrengende Besorgungen nutzte und dafür, meine damaligen führerscheinlosen Freunde durch die Gegend zu fahren. Ich hatte mir innerhalb weniger Jahre den Spaß am Autofahren wegneurotisiert. Ich verkaufte mein Auto und zog in die Großstadt. In der lebe ich bis heute. Ich gebe zu viel Geld für Taxifahrten aus und fahre ungefähr zweimal im Jahr Auto, wenn es nicht anders geht. Ich habe Angst davor, nie einen Parkplatz zu finden und dann eine Stunde durch die Stadt zu fahren, in immer größer werdenden Kreisen um mein eigentliches Ziel. Als ich aufhörte, Auto zu fahren, hörte ich auch auf, zu IKEA zu fahren, ich hörte auf, Möbel aufzubauen und Löcher in die Wand zu bohren, ich verkaufte und verschenkte mein Werkzeug über die Jahre, bis ich nur noch einen Hammer hatte, mit dem ich missmutig Nägel in die Wände schlug, um lieblos Poster aufzuhängen. Vor ein paar Jahren zog ich in eine neue Wohnung und ein Freund besuchte mich am Abend des Umzugs, damit wir zwischen Umzugskartons ein Glas Wein trinken konnten. Er fragte ab, was man in einer neuen Wohnung eben so abfragt: wo die Lampe hinkommt und was in diese Ecke soll. Das Gespräch war davon durchzogen, dass ich ihn auf jede handwerkliche Unzulänglichkeit hinwies, die ich in mir selber entdeckte, dass ich die Wohnung also nicht so einräumen würde, wie ich es unbedingt *wollte*, sondern so, wie es halt *ging*, ohne Dinge anzuschrauben und festzudübeln. Er sah mich mit hochgezogener Augenbraue an und überlegte, in welcher Intensität er mich nachäffen könnte. »*Ich kann nicht mit Werkzeug umgehen!*«, sagte er schließlich, während er theatralisch seinen Handrücken an die Stirn drückte. Wir lachten beide über die Klischee-Frau, die ich an diesem Abend war, die, die keine Bohrmaschine zu Hause hatte und Poster höchstens mit Tesafilm an die Tapete kleben würde. »Wenigstens datest du keine Männer, die das für dich erledigen«, sagte er schließlich, bevor er in den Raum ging, der später meine Küche werden würde, um neuen Wein zu holen. Ich verstand, worauf er hinauswollte, wenig war unangenehmer als die Frau, die Überlebensunfähigkeit vortäuschte, damit die Männer ihr beim Überleben helfen können. Ein bisschen wie Kleinkinder, die knietief im Wasser stehen und hysterisch schreien, weil sie wollen, dass ihre Eltern sie vorm Ertrinken retten. An diesem Abend zwischen diesen Umzugskartons gab es den Begriff *pick me girls* noch nicht, aber es war genau das Klischee von Frau, an das wir beide dachten. Meine Partner hatten aber ja keine Führerscheine oder sie hatten gute Ausreden, um mir nicht helfen zu müssen, jedenfalls stellte ich lange Zeit sicher, dass die Männer, die ich in mein Leben ließ, mir nicht helfen mussten bei den Dingen, an denen ich zu scheitern drohte. Feministisch gesehen war das immer wasserdicht, meine Therapeutin aber fand das schon seit Jahren bedenklich.

Ich bin heute ein *pick me girl*, wenn es darum geht, Möbel aufzubauen und Löcher zu bohren und Lampen anzubringen. Wenn ich es selbst tue, rede ich etwa 12 Wochen pausenlos davon. (Einmal bin ich alleine zum Baumarkt gegangen und habe Pflanzendünger gekauft, mein was Quatschreden angeht eigentlich sehr resilienter Partner zu der Zeit hatte mich nach etwa 14 Tagen sehr aufrichtig gebeten, aufzuhören, ständig davon zu sprechen.) Die meisten Dinge erledige ich aber schlicht und ergreifend nicht selbst. Nach meinem Umzug hing für Monate eine Lampe schief an meiner Decke, ich wartete, bis der erste Mann meine Wohnung betrat, der anbot, sich auf die Leiter zu stellen und sie zu entwirren. Er bot es natürlich erst an, nachdem ich sehr deutlich darauf hinwies, dass ich *so was* einfach gar nicht kann.

Ich bin, was das angeht, heute aus reiner Überkompensation *pick me girl*. Ich war vor Jahren keins, als ich alleine Kleiderschränke aufbaute und den Gedanken, jemanden dafür um Hilfe zu bitten, genauso absurd fand wie den Gedanken, dass von sich aus jemand Hilfe anbieten könnte. Der Gedanke, dass ich so was alleine können müsste, kommt aus demselben Ort, aus dem heraus ich entschieden habe, jahrelang Männer ohne Führerschein durch die Gegend zu fahren. Es sind zwei Seiten derselben Kaputtheit. Für mich ist es ein guter Tausch, jetzt erst mal ein *pick me girl* zu sein. Im besten Falle ist es ein Zwischenschritt. Im schlechtesten Falle bleibt es für immer so, aber dafür hängt meine Lampe jetzt gerade und meine Therapeutin ist zufrieden.

*

Wenig finde ich angsteinflößender, als an einer Gruppe Teenager-Mädchen im Alter zwischen 12 bis 14 Jahren vorbeilaufen zu müssen. Jede Art von Selbstbewusstsein verlässt meinen Körper, ich finde mich in der Sekunde, in der ich die Gruppe aus der Ferne identifiziere, massiv lächerlich, ich hasse die Klamotten, die ich trage, ich bedauere, dass ich ausgerechnet an diesem Tag zu viel oder gar kein Make-up trage. Ich weiß, dass ich nahezu alles besser weiß als diese girls, an denen ich meinen Körper gleich vorbeischleppen muss, ich kenne ihre Unsicherheiten und die Strategien, mit denen sie diese Unsicherheiten verstecken wollen, ich war diese Mädchen, ich war jedes dieser Mädchen mindestens einmal, ich war die Mitläuferin und die Mobberin, ich war die Anführerin und die Gleichgültige, und auf eine seltsame Art und Weise macht das meine Angst vor ihnen nur noch schlimmer. Ich weiß, dass in diesem Alter nahezu alles möglich ist. Ich erinnere mich an eine sehr spezifische Frustration, die sich weniger anfühlte wie dieses Klischee-Pubertätsgefühl, das einem Erwachsene dann gerne unterstellen, wenn sie sagen, dass man gegen die Welt *rebellieren* wollen würde, es war eher ein erschöpfter Fatalismus. Im Nachhinein betrachtet hatte der wahrscheinlich viel damit zu tun, dass man in genau diesem Alter glaubt, sehr abschließend zu erfahren, ob man eine schöne junge Frau wird oder eine, über die die Verwandten liebevoll sagen, dass sie *niedlich* sei, oder eine, die ihre ganze Jugend ertragen müssen wird, dass irgendwelche ältlichen Onkel ihnen zu fest in die Oberarme kneifen und sagen, dass sie *gut im Futter* seien oder eben *viel zu mager*. Ich laufe ungern vorbei an Teenager-Mädchen, weil ich weiß, dass es nach dem jährlichen Schwulen-Stadtteilfest in Berlin-Schöneberg der Moment ist, in dem ich am erbarmungslosesten bewertet werde dafür, was ich trage, wie ich aussehe, wie ich mich bewege. Es ist außerdem immer wieder der Moment, in dem ich mit der frustrierenden Einsicht konfrontiert bin, dass ich viel zu sehr nachvollziehen kann, was in diesen Mädchen vorgeht, nicht auf einer pädagogischen Ebene, nicht, weil ich mir besonders viel Mühe dabei gebe, zu verstehen, wie es heute sein muss, ein Teenager zu sein, sondern weil sich in mir im letzten Jahrzehnt die Befürchtung festgesetzt hat, dass es heute exakt genauso sein muss, eine Teenagerin zu sein, wie es das vor 20 und vor 10 Jahren war.

Am Anfang irgendeines Oktobers saß ich in einem Sushi-Restaurant im Berliner Westen, ich hatte ein Buch und eine Herbstdepression dabei und sah mich mit dem Umstand konfrontiert, dass ich dieses Restaurant nur verlassen können würde, wenn ich an einer Gruppe Teenager-Mädchen vorbeilief. Ich hatte meinen vom Nieselregen klamm gewordenen Trenchcoat auf den Schultern, ich aß mit laufender Nase Lachs Nigiri und las dabei ein Buch über Simone de Beauvoir. Es war, als hätte jemand, der mich weder sonderlich mag noch kennt, eine Parodie auf meine Person geschrieben und ich sie in diesem Moment nachgespielt. Es war also nicht nur so, dass ich prätentiös genug war, ein *Buch* im Restaurant zu lesen, statt wie jeder normale Mensch die Timelines aller börsennotierten sozialen Netzwerke im Minutentakt zu aktualisieren, am Tisch nebenan saßen ebendiese Mädchen, alle maximal 14 Jahre alt. Das ist vermutlich die mit Abstand seltsamste Sache an Berlin, über die aber niemand zu sprechen scheint: Jeder Ort ist durchzogen von Teenagern, die sich souverän und selbstverständlich in Räumen bewegen, die in der Regel für Erwachsene vorgesehen sind. In Berlin fahren Teenager alleine Taxi und unterhalten sich im Bus auf dem Weg in ein Einkaufszentrum betont auf mindestens zwei Sprachen, um dem Umfeld in Hörnähe klarzumachen, dass sie auf ein bilinguales Gymnasium gehen, sie können ja noch nicht ahnen, dass kein vernünftiger Erwachsener sich für bilinguale Gymnasien interessiert. Teenager sitzen in Cafés und bestellen mit einer aggressiven Lässigkeit ihre Heißgetränke in Pappbechern, die sie auf den kleinen Bistrotischchen ausbreiten, um allen zu zeigen, dass sie zwar noch ein paar

Schlücke sitzend zu sich nehmen, *dann bald aber auch losmüssen*. Und Teenagergruppen sitzen in den für Teenagergruppen abstrusesten Restaurants und bestellen mit beklemmender Routine ihr Essen, sie bezahlen es so authentisch beiläufig mit einer Kreditkarte, dass man ihnen anmerkt, dass sie in einer Welt leben, in der es wirklich als normal gilt, dass Teenager mit einer Kreditkarte Essen bezahlen, sie sitzen also überall, wo man als Erwachsener auch sitzen würde, und tun all die Dinge, die man als Erwachsener gefühlt erst vor einer Steuererklärung gelernt hat, mit einer Routine, die einem Angst macht. Teenager in Berlin sind Teenager auf Steroiden. Im Berliner Westen saß also eine Gruppe Teenager-Mädchen in einem Sushi-Restaurant und gemessen an dem Miteinander in dieser Stadt war absolut nichts daran seltsam.

Ich aß mein Sushi auf und versuchte, gleichzeitig zu zahlen und mir dabei nicht anmerken zu lassen, dass ich alle Fluchtwege des Restaurants studiert hatte, die es mir erlauben würden, den Laden zu verlassen, ohne an dem Tisch mit den Teenagern vorbeilaufen zu müssen. Die einzige Option, mich nämlich geschickt durch die Fischtheke abzurollen, erschien mir lebensmittelhygienisch bedenklich, ich bezahlte also und versuchte mich beim Aufstehen daran zu erinnern, dass egal, was gleich passieren würde, ich zumindest den Vorsprung gegenüber diesen Kindern hatte, dass ich mein Essen bezahlt hatte mit einer Kreditkarte, auf der *nicht* der Name meines Vaters stand. Mein letzter Rest Selbstbewusstsein konnte lediglich daraus generiert werden, eine Gruppe

14-Jähriger in meinem Kopf dafür lächerlich zu machen, dass sie noch keine Festanstellung hatten. Es war alles in allem also ein großer Moment für mich. Ich vergrub meine Hände in meinem Mantel, um mich unbemerkt an mir selbst festkrallen zu können, und lief mit einem Blick nach vorne, den man wirklich nur mit viel Großmut mit Selbstbewusstsein verwechseln konnte. Ehe ich die Tür erreichen konnte, sagte eines der Mädchen: »Entschuldigen Sie?«

Ich drehte mich um. »Ja?«

In diesem Moment sah ich die Teenagerinnen plötzlich als Individuen, solche Gruppen von Kindern werden ja für Erwachsene schnell zu einem anonymen Knäuel an Lärm und Deo. Ich stellte beruhigt fest, dass sie, obwohl sie alle nahezu gleich aussahen (weite Nylon-Hosen, kurze kleine Tops und Bomberjacken), sich absolut mühelos unterteilen ließen in die für eine Teenager-Clique nötigen Rollen. Es gab die Coole, die schon Brüste hatte, die Herzliche, die ein wenig langweilig war, die Gemeine, die man nur mochte, weil sie immer wieder Momente der Herzlichkeit hatte, und natürlich zuletzt die, die fremden Frauen in Sushi-Restaurants hinterherruft.

»Wir haben im Deutschunterricht einen Text von Ihnen gelesen und, ja, fanden Sie voll cool.« Ich schaute die anderen Mädchen an, weil ich erst anhand ihrer Gesichter den Häme-Gehalt dieser Aussage dechiffrieren können würde. Sie sahen mich mit minimaler, aber offenbar aufrichtiger Abweichung von der normalen Durchschnittsgelangweiltheit eines Teenagers an.

»Cool, danke«, sagte ich und ging aus dem Restaurant. Mein Trenchcoat war immer noch klamm und natürlich nieselte es weiterhin, das ist eine Sache, die einem passiert, wenn man eine Herbstdepression hat, der Herbst zeigt sich von seiner meteorologisch deprimierendsten Seite. Während ich nach Hause lief, denn das ist eine Sache, die man tut, wenn man ohnehin schon eine Saisondepression hat: man läuft betont melancholisch durch bedenkliche Witterungen nach Hause, spürte ich die Scham in mir hochkriechen. Alle paar Monate bekomme ich mal vereinzelt eine Mail einer Mittelstufenschülerin, die im Deutsch- oder Politikunterricht ein Referat über einen Text von mir hält, ich bin dann schwer gerührt, halte es aber auch für eine Simulation. In der Welt, die ich mir gebaut habe, gibt es nicht eine 14-Jährige, die weiß, wer ich bin. Es ging mir immer besser mit dieser Illusion. Dieser Oktober in diesem Berliner Westen in diesem Sushi-Restaurant markierte das erste Mal in meinem Leben, dass ein wirklich junger Mensch mich angesprochen hatte, und ich hatte mich reflexhaft schlecht gefühlt, weil ich ebenso reflexhaft gespürt habe, dass ich nicht wollte, dass diese Mädchen werden wie ich.

Keine erwachsene Frau möchte diese Frau sein, die jungen Mädchen sagt, dass sie die vielen Fehler, die sie selbst gemacht hat, auf keinen Fall auch machen sollen. Es fühlt sich langweilig und alt und blöde an. Aber wenn man sich dann auf einmal diese kleinen Kreaturen mit ihren Bomberjacken und ihrem geliehenen Selbstbewusstsein anschaut, weiß man auch, dass man auf gar keinen Fall will, dass sie die Umwege nehmen müssen, die man als Frau selbst genommen hat.

Ich möchte nicht, dass junge Mädchen sich heute genauso künstlich langweilig halten, wie ich es getan habe. Es ist feministisch absolut einwandfrei, wenn ich erkläre, dass es mehr als in Ordnung ist, *genauso zu sein wie andere Frauen*, weil es eben feministisch auch absolut einwandfrei ist, darauf hinzuweisen, dass andere Frauen großartig sind.

Der andere Teil der Wahrheit ist, dass ich nicht glaube, dass Frauen schon gut genug sind im Frausein, um als Vorbild für Mädchen zu gelten. Ich glaube nicht, dass junge Mädchen genauso sein sollten wie andere Frauen, wenn es bedeutet, dass sie dann werden wie ich.

Ich glaube, Frauen müssten interessanter, krasser, härter, brutaler und gleichgültiger sein, als sie es sind. Ich glaube, dass Frauen sich in den letzten Jahren in ein Miteinander reinmanövriert haben, in dem nahezu alles auf irgendeine Weise als so feministisch umgedeutet werden kann, dass nahezu keine persönliche Lebensentscheidung auch nur ansatzweise hinterfragt werden muss. Mütter, die Vollzeit arbeiten, sind in diesem System das Gleiche wie Mütter, die sich finanziell von ihren Ehemännern abhängig machen, weil sie zur Kindererziehung zu Hause bleiben. Frauen nehmen die Nachnamen ihrer Männer an, lassen sich von ihren Vätern zum Altar führen und tragen ein Kleid in unschuldigem Weiß, während die Hochzeit so pinterestig harmlos aussieht, dass man den schönsten Tag im Leben einer Frau ja auch nicht kaputt machen möchte mit Nachfragen zu den sexistischen Symboliken, die da heute wie vor 60 Jahren reproduziert werden. Schönheitsoperationen sind genauso feministisch wie der Versuch, sich mit dem eigenen Körper abzufinden, wie er ist. TikTokerinnen, die eine Karriere daraus machen, möglichst sexy zu belanglosem Trash-Pop zu tanzen, werden im Namen des Feminismus vor Kritik genauso geschützt wie linke Politikerinnen. Der Popfeminismus ist so perfekt darin geworden, jede individuelle Entscheidung einer Frau so umzudeuten, dass sie als Feminismus durchgehen kann, völlig unabhängig davon, ob diese individuelle Entscheidung überhaupt als Feminismus benannt werden möchte. Das Ergebnis ist ein großes, richtungsloses *anything goes*, das keiner kommenden Generation von jungen Frauen nachhaltig irgendetwas beibringen kann.

Ich schäme mich ein wenig, wenn eine Gruppe Teenager-Mädchen mich im Sushi-Restaurant erkennt, weil ich weiß, dass ich aus Bequemlichkeit oder aus Angst oder aus Gleichgültigkeit auch Teil eines Feminismus bin, der Frauen und ihre Lebensentscheidungen so euphorisch abfeiert, dass den Mädchen, die danach kommen, nichts anderes übrig bleibt, als zu glauben, dass im Grunde alles, was sie tun wollen, gleich gut oder schlecht ist.

Wenn ich es mir aussuchen darf, möchte ich nicht, dass junge Mädchen genauso sein wollen wie andere Frauen. Ich möchte auch nicht, dass sie so sein wollen wie ich. Ich glaube, dass all das, worüber eine ganze Generation Millennial-Frauen gerade Inventur betreibt in

Form von lustigen Internetvideos, ernsten Erfolgsserien und ironischen Memoirs, uns nichts mehr beibringen sollte als das: Es ist noch viel Luft nach oben, wenn es darum geht, eine Frau zu sein. Wenn Simone de Beauvoir recht damit hat, dass wir nicht als Frauen zur Welt kommen, sondern erst dazu werden, sind die Frauen um mich herum zu Frauen geworden als Summe aus all den furchtbaren Dingen, die ihnen in der Jugend passiert sind. Ich selbst bin ein Produkt dessen, was ich erlebt habe. Wenn ich die Wahl habe, möchte ich lieber nicht, dass Mädchen, die heute 12 oder 13 Jahre alt sind, den gleichen Müll durchmachen wie ich. Um das zu erreichen, müssten Frauen wie ich ein gesundes Verhältnis dazu finden, dass wir zwar unser Bestes geben beim Versuch, gute, fertige, vollständige Frauen zu werden, es aber eben noch lange nicht genug ist. Dass wir vielleicht niemals die Frauen werden, die wir sein sollten. Es ist ein nachvollziehbarer Reflex, sich nach einem Feminismus zu sehnen, der einem sagt, dass der Versuch, die Löcher im eigenen Charakter zu stopfen, moralisch richtig und einwandfrei ist. Es ist der tröstende Weg, es ist aber nicht der, der uns am Ende wirklich weiterbringt. Ich kann das Gefühl sehr gut nachvollziehen, zu glauben, dass man als sehr junge Frau eigentlich schon genug Mist erlebt hat, genug Druck, genug Angst, genug Selbsthass, dass man glaubt, eine Sanftheit verdient zu haben, die ein neu zusammengebauter Feminismus uns zu versprechen scheint. Ich befürchte, so gut sich diese Form von Zuspruch kurzzeitig anfühlt, so wenig wird sie kommenden Generationen junger Frauen etwas bringen.

Es könnte völlig in Ordnung sein, sich damit abzufinden, dass manche Dinge weniger feministisch sind als andere, dass Verhaltensweisen, Vorlieben, Ideen und Wünsche unterschiedlich feministisch sein können, dass Frauen auch Prägungen und Leben haben können, die ihnen gewisse Ideen und Wünsche geben, die man als überhaupt nicht feministisch bezeichnen könnte. Die Aufgabe eines intellektuell belastbaren Feminismus sollte es nicht sein, Ausreden und Umdeutungen dafür zu finden, wieso man diese Ideen und Wünsche am Ende doch als feministisch bezeichnen kann, sondern Frauen die Freiheit zu geben, zu ertragen, dass sie nicht zu hundert Prozent aus einem ideologisch stringenten Abziehbild einer Person bestehen.

Ich möchte nicht, dass Frauen glauben, es würde reichen, so zu sein wie andere Frauen, weil ich glaube, dass Frauen heute nicht ansatzweise so interessant sind wie junge Männer. Ich kenne zu viele junge Frauen ohne Hobbys, ich kenne zu viele junge Frauen ohne Musik- oder Filmgeschmack. Ich kenne zu viele junge Frauen, die sich zwar darüber echauffieren, dass ihre Mütter ihr Leben lang relativ leidenschaftslos die gleiche Partei gewählt haben wie ihr Ehemann, sich selbst in ihren Beziehungen aber sukzessive das Privatleben ihrer Partner überstülpen. Ich kenne Dutzende Frauen, die Männer zu ihren Hobbys begleiten, ohne Ironie und ohne Häme. Die Frage, ob die Männer das im Gegenzug genauso tun würden, lässt sich allein deswegen schon nicht stellen, weil die meisten dieser Frauen gar nichts haben, wohin sie diese Männer mitnehmen würden. Mir fehlen

Frauen mit Leidenschaften. Mir fehlen seltsame Frauen. Mir fehlen nervige Frauen. Mir fehlen die Frauen, die ertragen, unerträglich zu sein, weil sie wissen, dass sie Größeres vorhaben im Leben.

Und ehrlich gesagt nehme ich jederzeit lieber eine Frau in Kauf, die beim Versuch, seltsam zu sein, ab und zu versehentlich ein *pick me girl* ist, als eine Frau, die beim Versuch, jede Frau jederzeit zu empowern, in feministischer Belanglosigkeit strandet.

*

Ich war ein Spätzünder, auch wenn ich es irritierend finde, dass Erwachsene ein Wort dafür erfunden habe, das beschreibt, ob Teenager früher oder später in ihrer Jugend anfangen zu ficken. Mit 13 Jahren, während andere Mädchen begannen, sich reizend anzuziehen, mit Kleidchen und Sneakern und allem, was *trendy* sein sollte, trug ich viel zu große T-Shirts mit etwas darauf, was sich leider nicht anders beschreiben lässt als *lustige Sprüche*. Ich war ein Fan von T-Shirts mit lustigen Sprüchen. Ich war das Kind, das an jeder Touristenpromenade von jedem Urlaubsort stundenlang begeistert vor den Verkaufsbuden stehen konnte, hart überlegend, welches T-Shirt ich mir von meinem Urlaubsgeld kaufen würde. Ich war irre einfach zu beschenken, weil meine große Leidenschaft in jedem Bahnhofsviertel, an jedem Flughafen, in jeder Billig-Boutique einer mittelgroßen westdeutschen Stadt verkauft wurde.

Ich könnte keinen Spruch aus dem Gedächtnis aufsagen und derselbe Teil meines Hirns, der sich an die Sprüche nicht erinnert, ist auch damit beschäftigt, zu hoffen, dass keine Kinderfotos von mir existieren, auf denen ich eines dieser Dinger trage. Ich erinnere mich aber noch sehr genau an diese sehr spezielle Nuance von Humor, die diese Sprüche hatten, es war eine trotzige Treudoofheit, vermutlich so was wie »Brot kann schimmeln, was kannst Du?«. Oder »Ich trage schwarz, weil keine dunklere Farbe erfunden wurde«. Ich war mit 13 Jahren anders als andere Mädchen und im Nachhinein betrachtet war das keine gute Sache.

Es war diese Phase im Leben eines Teenager-Mädchens, in der man mit einer verwirrenden Gleichzeitigkeit mit Behauptungen über das eigene Leben konfrontiert wird, die sich nicht in Einklang bringen lassen. Es ist die Zeit, in der Vertrauenslehrer die ersten Anflüge von pubertärem Mobbing dadurch auflösen wollen, dass sie ganzen Klassen sehr ernst erzählen, dass jeder seine Stärken und Schwächen hat und es niemandem gibt, der besser ist als andere. Es ist auch die Zeit, in der man das erste Mal realisiert, dass die Noten, die man bekommt (die natürlich sehr deutlich beziffern, wer besser ist als andere), wirklich eine Rolle spielen werden für die kommenden Jahre. Es ist die Zeit, in der man das erste Mal Bewerbungen für Praktika schreibt und dafür in hübsche Worddateien eintragen muss, wie viel besser oder schlechter man als andere in Dingen ist. Es ist auch die Zeit, in der einem zum ersten Mal ansatzweise so etwas wie moralisches Verhalten abverlangt wird, wenn man nämlich so tun soll, als würde man so sehr glauben, dass niemand besser oder schlechter in irgendwas ist als andere, dass man weder bemerkt, wenn andere schlechter sind, noch stolz sein darf, wenn man besser ist.

Und es ist vor allem die Zeit, in der Mädchen, die langsam aber sicher zu Frauen werden, das mit ihrem Leben tun, was sie unausgesprochen von den Frauen in ihrem Umfeld vorgelebt bekommen haben: Sie sortieren sich ein in die Kaste, in die sie glauben, zu gehören, je nachdem, wie attraktiv sie sind.

Ich habe nie erlebt, wie Mädchen an irgendeinem Punkt ihrer Jugend aussprechen, dass sie sehr genau zu wissen scheinen, wie gut oder schlecht sie aussehen, es kam mir immer vor wie ein kollektives Bauchgefühl. Die Kriterien, nach denen wir uns selbst und andere bewerteten, waren verlässlich, weil vom Leben geprüft. Sie hatten ausnahmslos alle damit zu tun, wie Männer und Jungs uns behandelten. Wir bemerkten, jede für sich, aber immer wortlos überprüft von den anderen, wie die älteren Lehrer, die, die weder so richtig Ahnung von Pädagogik noch von ihrem Fach hatten, begannen, mit den ersten Mädchen in den Klassen zu schäkern, wie Jungs aus höheren Klassen anfingen, mit genau diesen Mädchen auf dem Pausenhof zu sprechen, wie erwachsene Männer in Fast-Food-Filialen, Supermärkten und in Einkaufszentren Gefallen daran fanden, wenn eine Gruppe genau dieser Mädchen hysterisch kichernd angesichts der Aufmerksamkeit, die sie bekamen, an ihnen vorbeizog. Vor allem aber bemerkten wir, die anderen, wie für uns andere Regeln zu gelten schienen, wie unsere Leben schlicht und ergreifend deswegen schwieriger waren, weil wir nichts an uns hatten, was Männer als so grundsätzlich charmant empfanden, dass sie bereit waren, uns besser zu behandeln.

Wahrscheinlich kann man eine Frau erst wirklich verstehen, wenn man weiß, ob sie eine Spätzünderin war oder nicht. Oder ob sie mit 13 Jahren eine entstellende Zahnspange hatte oder entsetzliche Akne oder eine Krankheit, die sie gezwungen hat, ein halbes Schuljahr zu humpeln. Ich bin fest davon überzeugt, dass es einen speziellen Zauber, eine Leichtigkeit und eine Entspanntheit gibt, die nur Frauen haben, die damals diese Mädchen waren, die Jungs Mützen vom Kopf ziehen und kreischend weglaufen konnten in der Gewissheit, dass genau diese Jungs hinter ihnen herliefen und sich auf die Gelegenheit freuten, sie zu umarmen und in die Luft zu heben, wenn sie sie gefangen hatten. Es gibt eine besondere Art von Selbstvertrauen bei Frauen, die erlebt haben, dass Männer den Moment begrüßten, als sie von einem Mädchen zu einer Frau wurden. Es gibt eine besondere Abwesenheit davon, wenn man durch das Ausbleiben von tausend Blicken während einiger Jahre Pubertät bemerkt, dass man das tut, was Männer Frauen so ungerne verzeihen: wenn sie Raum einnehmen, ohne Gegenleistung, ohne Attraktivität, ohne ihnen die Idee ins Hirn zu pflanzen, dass man zur Not ja mit ihnen Sex haben könnte. Es ist wahrscheinlich so wie ohne Eltern aufzuwachsen, man weiß nicht genau, was einem fehlt, man kann es sich nur zusammenbauen aus dem, wie die anderen, die alles hatten, sich verhalten im Gegensatz zu einem selbst.

Jedes Mädchen muss Männern eine Gegenleistung für ihre Existenz anbieten, wenn sie wahrgenommen werden möchte. Die, die also besonders schön sind, haben das Einfachste und das Schwierigste zugleich angeboten. Die anderen konnten dann versuchen, besonders intelligent oder witzig oder verständnisvoll zu sein.

Und wenn man, wie ich, mit 13 Jahren noch damit beschäftigt ist, jedes Quartal sehnsüchtig den EMP-Katalog durchzublättern auf der Suche nach dem, was man sich selbst als nächsten großen Wurf in Sachen *lustiges T-Shirt* verspricht, bemerkt man vielleicht gar nicht, dass sich alle Mädchen um einen herum bereits einsortiert haben nach Derivaten von Sexyness und Lieblichkeit und dass man selbst, in Abwesenheit von alldem, sich selbst einsortiert in das, was sich mindestens unterbewusst anfühlt wie: der Rest. Das, was übrig geblieben ist.

Die Zeit, in der Mädchen sich in Gruppen einsortieren, fällt zufälligerweise in die Phase des größten Lärms, den Teenager menschenmöglich produzieren können. Es ist diese Phase, in der Teenager-Jungs ihre Unsicherheit durch kindlichen Lärm kompensieren: Das laute Kaputttreten von leeren PET-Flaschen, das theatralische Verletzen beim Versuch, eine Wand/einen Zaun/eine Mauer hochzuklettern, das ständige Schreien mit einer Stimme, die immer wieder in kurzen Momenten aus den ersten Anzeichen des Stimmbruchs stolpert. Und die Mädchen kompensieren das mit Kreischen und betontem Angeekeltsein und gespieltem Sichzieren, alles in allem ist es einfach irre laut, wenn 13-Jährige versuchen, ihr Leben zu leben. Man bemerkt manchmal also gar nicht, dass sich in dieser Phase die Traurigkeit einschleicht, denn Lärm und Traurigkeit schließen sich aus, zumindest wenn es darum geht, beide gleichzeitig wahrnehmen zu können. Die Teenagerzeit ist im Grunde wie dieser Moment nach einer Beerdigung, wenn die letzten Trauergäste gehen und es das erste Mal still wird und man genug Ruhe hat, um festzustellen, dass man tatsächlich einen Tod zu betrauern hat. So ungefähr ist es, wenn man 14 oder spätestens 15 Jahre alt ist, das Gekreische und Getrete und Geziere in ein stilles Pubertätsphlegma übergegangen ist und man mit der Tatsache konfrontiert wird, dass jetzt jeder seine Rolle eingenommen hat.

Meine Rolle war also der Rest. Ich und die anderen Spätzünder, es gibt sie ja nun mal in jeder Klasse, in jeder Phase, in jedem Milieu und jedem Stadtteil, kamen also gar nicht hinterher beim Versuch, jetzt endlich auch erwachsen sein zu wollen, und die Tatsache, dass wir ohnehin zu spät kamen zu der Party, die sich Pubertät nannte, half nicht. Die coolen Kids waren schon mit irgendjemandem in den Garten gegangen, um heimlich zu knutschen, die Playlist, die da lief, kannte man nicht und natürlich flog man auf bei dem kläglichen Versuch, es zu verheimlichen. Man verstand die Klamotten nicht, die sie trugen, und fühlte sich wie die eigenen Eltern, wenn man in sich selbst einen Widerstand spürte bei der

Art, wie sie sprachen. Man imitierte es natürlich trotzdem alles, soweit es ging.

Wer als Mädchen zum Rest gehört, hat verschiedene Möglichkeiten. Die eine ist, sich aus dem Spiel männlicher Aufmerksamkeit und Anerkennung komplett rauszuziehen, was mit dem Problem einhergeht, dass man dann auf männliche Aufmerksamkeit und Anerkennung verzichten muss, die Währung, die gerade in der Mittelstufe die wichtigste ist, um als junges Mädchen allen um sich herum zu beweisen, dass man wirklich, wirklich liebenswürdig ist. Die andere ist, in eine obskure Subkultur abzutauchen, die so tut, als wäre sie nicht sub, sondern meta, ein gelangweilter Kommentar zu der normalen Welt, die man höchstens zum Einkaufen und für Klassenarbeiten kurz betritt. In diesen Subkulturen kann man so tun, als würden all die Spiele, die Geschlechter jeder Teenager-Generation miteinander spielen, einen nichts angehen. Es ist vielleicht das einzige große Versprechen, das Subkulturen Teenagern bieten können: Dass sie sich eine Welt bauen dürfen, die nicht ganz so furchtbar ist wie die, in der sie jeden Morgen glauben aufzuwachen. (Dieser Pathos sollte sich übrigens spätestens im Erwachsenenalter rausgewachsen haben und genau deswegen sollte man jedem erwachsenen Menschen, der genau wie in Teenagerzeiten noch in einer Subkultur aufgeht, mit diesem Misstrauen entgegentreten, das man ohnehin in sich aufkommen spürt, wenn man einen Mitte Dreißigjährigen sieht, der in Baggy-Jeans und Vans zum Skatepark spaziert.)

Wenn man Subkulturen zu anstrengend findet – immerhin besteht die Dazugehörigkeit zu einem großen Teil im Abhängen an seltsamen Orten wie Jugendzentren oder Punk-Kneipen –, kann man sich ein Leben suchen, das sehr weit weg ist von dem, das man jeden Tag in der Schule führt. Man kann in Internetforen neue Freunde suchen am anderen Ende der Bundesrepublik oder man kann Jungs erfinden, die angeblich in einen verliebt sind, die aber leider in einer anderen Stadt wohnen. All das ermöglicht es einem, so zu tun, als wäre es Absicht, dass man in dem Leben, das man jeden Tag führt, nicht so richtig zum Zug kommt.

Ich habe, was die oben genannten Optionen angeht, eine Art Mischkalkulation vorgenommen. Ich habe jede Subkultur zumindest ausprobiert, bis ich am Ende meiner Schulzeit eine seltsame Mischung aus Überbleibseln von allen war, eine ganz eigene Szene, in die niemand reinwollte – außer mir. Zusätzlich dazu habe ich im Internet nach neuen Freunden gesucht, was nur zum Teil erfolgreich war, von mir bei Nachfragen von Klassenkameraden aber mit frei erfundenen Freunden ergänzt wurde.

Und immer dann, wenn ich mit meinem echten, analogen Leben konfrontiert war, war ich ein *pick me girl.*

Ich war das Mädchen, das die härtesten Witze machte, die, über die nur die Jungs lachen wollten. Ich tat so, als würde ich keinen Wert auf Äußerlichkeiten legen. Ich legte Wert darauf, in Hörweite von anderen Mädchen so zu tun, als hätte ich besonders gute Insider mit einzelnen Jungs, die auf lange, durchgebolzte Nachmittage hinweisen mussten. Ich tat nichts davon, weil ich Mädchen aktiv nicht mochte oder weil ich sie abwerten wollte. Ich tat es, weil es wohl die einzige Nische war, von der ich glaubte, dass sie für mich übrig war. Wenn ich so weit wie möglich versteckte, dass ich ein Mädchen bin, wenn ich ein fast ageschlechtliches Dazwischen werde, bezogen auf die hypergeschlechtlichen Vorstellungen von Gender, die Kinder in der Regel in diesem Alter anerzogen bekommen haben, wenn ich es also schaffte, allen fast vergessen zu machen, dass ich ein Mädchen war, dann musste ich mich nicht dafür rechtfertigen, dass offenbar keiner von diesen Jungs mit mir ins Bett wollte. *Pick me girls* sind in ihrem Dasein nur eine Variation von diesem Thema, bei dem Frauen unter Männern leiden und im Gegenzug versuchen, es den Männern leichter zu machen. Keiner wird ein *pick me girl*, weil er eine besonders glückliche Teenagerzeit hatte, genauso wenig wie man einen Vaterkomplex entwickelt, weil man hofft, in 15 Jahren mit deutlich älteren Männern schlafen zu können.

Mit 28 Jahren habe ich zu meiner Therapeutin gesagt, dass ich traurig bin wegen all der Jahre, die ich verloren habe damit, nicht zu erkennen, welche Muster ich so habe. Dieser Kram, den alle Erwachsenen haben und durch den sie Beziehungen ruinieren und ihren Selbstwert zerstören. Sie sah mich liebevoll amüsiert an und erklärte mir, dass ich mit 28 Jahren sehr, sehr früh dran sei. Die meisten würden das, wenn überhaupt, in ihren Vierzigern erkennen und angehen. Auf dem Nachhauseweg fragte ich mich, woher dieser Glaubenssatz stammte, dass ich am Ende meiner Zwanziger fertig sein müsste mit der Abarbeitung meines eigenes Unglücks, gerade ich, die ja einen großen Teil ihrer Identität aufgefüllt hatte mit der Einsicht, dass sie oft besonders unglücklich gewesen war. Ich bestellte mir ein Taxi, zündete mir eine Zigarette an und scrollte durch meine Instagram-App, in der mir sofort das Video einer US-amerikanischen Influencerin angezeigt wurde, die in ihrem alten Jugendzimmer all die Sachen abfilmte, die sie damals für unglaublich cool hielt und heute als große Peinlichkeit identifizierte: die Ugg-Boots, die Poster an der Wand von Sportmannschaften, von denen sie gar kein Fan war, die sie aber nach eigenen Aussagen aufhing, um ihre männlichen Freunde zu beeindrucken, ihre Schublade mit billigem Make-up, von dem sie erklärte, dass sie es nur heimlich auftrug, weil sie überall herumerzählte, dass sie mit Schminke nichts anfangen konnte. Das Video endete mit einem dramatischen Zoom in ihr Gesicht, das Letzte, was sie sagte, war: »You guys? I was a *major pick me girl.*« Ich schnipste meine Zigarette auf die Straße und öffnete ihren Wikipedia-Artikel, sie war 23 Jahre alt. Das war einer dieser Momente, wo die Gleichzeitigkeit der Dinge einem nachdrücklich vorspielt, dass da eine Moral drinsteckt. Aus irgendwelchen Gründen haben Frauen in den sozialen Netzwerken es geschafft, genau das zu tun, was Frauen seit Jahrzehnten tun: sich selbst und andere Frauen um sich herum für alles, was sie darstellen oder dargestellt haben, in einer Härte abzuwerten, die Männern niemals einfallen würde. Die

Zwanziger sollten nicht die Zeit sein, in der man sich radikal schämt für alles, was man in seiner Teenagerzeit war. Und die Teenagerzeit sollte überhaupt erst einmal gar nicht die Zeit sein, die man als Maßstab dafür ansetzt, wie gut oder schlecht der eigene Feminismus war. Ich habe von einer strengen Subkultur des Feminismus beigebracht bekommen, dass ich in meinen Zwanzigern bereits so weit sein müsste, dass ich jeden Wunsch, jede Verhaltensweise, jedes Date, jedes Kleidungsstück, jede Vorliebe, jedes Hobby, abgleichen müsste mit der Frage, wie glaubwürdig feministisch ich damit bin oder war. In Wahrheit steckt hinter *pick me girls* mindestens irgendeine Art von Vermeidungsstrategie, ein Versuch, mit der meist unausgesprochenen Schwierigkeit, eine Frau zu werden, in irgendeiner Weise umzugehen.

Ich lege Wert darauf, dass Leute eher früher als später über mich erfahren, wie meine Jugend war. Früher tat ich das, weil ich es witzig fand. Heute tue ich es, weil ich glaube, dass sie sich höchstens in Nuancen, vielleicht in der Frage, wann man unglücklich war oder wieso, von der Jugend von anderen Frauen unterscheidet. Ich kann gut ertragen, wenn Menschen das selbstbezogen finden oder überflüssig. Man kann schwer über die Verhaltensweisen einer Frau urteilen, wenn man nicht weiß, wie sie mit 13 Jahren war.

*

Als ich meinen ersten Shitstorm hatte, benutzte ich ihn als Ausrede, zwei Wochen lang mein WG-Zimmer nicht zu saugen. Ich starrte die immer größer werdenden Staubflusen in den Ecken an, die sich mit meinen ausgefallenen Haaren – ich kämmte mich aus Ekel vor dem dreckigen Badezimmer immer mit einem Handspiegel auf der Matratze sitzend – zu großen Dreckknäueln verbanden. Die ersten Tage saß ich viel in der Küche der WG, aß Nutella-Brote oder spielte mit der Ukulele, die zur freien Verfügung auf dem abgewetzten Sofa lag, dilettantische Cover von Billie-Eilish-Songs. Keiner wusste genau, woher die Ukulele kam, vielleicht wurde ihre Herkunft aber auch nur nicht diskutiert, weil man die Attitüde aufrechterhalten wollte, dass man so künstlerisch und befreit war, eine herren- und vermeintlich herkunftslose Ukulele in der Küche gar nicht diskussionswürdig finden zu wollen. Sobald ich mit einem Song fertig war, nahm ich mein Smartphone in die Hand, die Hülle in diesen Wochen ständig leicht aufgewärmt von meiner Körperwärme, und suchte auf Twitter nach meinem Namen, mit einer selbstzerstörerischen Mischung aus Hoffnung und Panik, wieder ein paar neue Einträge zu finden. Sobald man dabei zusieht, wie andere Menschen im Internet über einen diskutieren, so, als wäre das nicht der Ort, an dem man genauso jeden Tag existiert, beginnt man, automatisch über sich selbst Dinge zu denken, die deutlich unaussprechlicher sind als die Dinge, für die man dort kritisiert wird. Die Kunst besteht darin, sich nicht dazu hinreißen zu lassen, sie auszusprechen und aufzuschreiben. Das Bösartigste an Shitstorms ist, dass man in den meisten Fällen dazu gezwungen wird, ohne die Möglichkeit von Widerspruch dabei zuzuschauen, wie andere entscheiden, dass man vom Menschen zum Schlagwort gemacht wird. Die wenigsten Wortmeldungen wollen tatsächlich etwas über die Person, die sie erwähnen, sagen, es geht im Namen des großen Ganzen schnell um alles, was hinter dem Shitstorm vermeintlich zu diskutieren liegt. Plötzlich ist der eigene Name ein Hashtag, unter dem sich Leute treffen, um die Grenzen von Satire zu diskutieren, oder Feminismus, oder die Art und Weise, wie schlecht Bücher sein dürfen, die sich dennoch verkaufen. Dem eigenen Namen, den die Eltern für einen vor Jahrzehnten gründlich ausgesucht hatten, geht dann für einige Tage oder Wochen jede Art von Liebe abhanden. Am Ende von jedem Shitstorm füllt man das wieder ein wenig auf, das Klemmen in der Brust, das man beim Öffnen jeder Kommunikations-App verspürte, verflüchtigt sich langsam wieder. Die Wochen danach sind wie ein Krampf, der sich langsam löst.

Bei meinem zweiten Shitstorm hatte ich bereits eine eigene Wohnung, es gab keine Ukulele, deswegen bestellte ich Chicken Wings mit Chili-Sauce, aß sie und stellte mein Handy in den Flugmodus, alles in dem naiven Glauben, dass ich es aushalten würde, mich selbst im Internet nicht anzustarren. Der zweite Shitstorm ist der schlimmste, dann nämlich bemerkt man, wie naiv man nach dem ersten war, als man vor Erleichterung hysterisch geworden war, weil man dachte, man hätte es hinter sich.

Bei meinem dritten Shitstorm baute ich ein Fahrrad in meinem Wohnzimmer zusammen. Mich bedrückte die Routine, mit der ich ihn anrücken sah und viel zu rechtzeitig und ohne Verunsicherung meine Twitter-App löschte. Ich ging zu meiner Nachbarin und fragte sie nach irgendwelchem Werkzeug, von dem ich glaubte, dass ich es zum Festschrauben der Bremsen brauchen würde. Das Fahrrad würde ich wenige Tage später zum Schrauber um die Ecke schieben, weil ich mir selbst und meinen zusammengebauten Teilen nicht traute. Den Shitstorm würde ich in den darauffolgenden Tagen mit magischem Denken abzukürzen versuchen. Ich lud immer wieder meine Twitter-App neu herunter in dem Glauben, dass dieser bloße Akt jede Diskussion zu meiner Person beenden würde. Offenbar war ich immer wieder so ausreichend anstrengend für verschiedene Seiten, dass ich sie in die Mob-Mentalität hinein echauffierte. Der dritte Shitstorm war der bisher schlimmste, vielleicht auch, weil ich glaubte, meiner Umwelt besonders große Entspanntheit vorspielen zu müssen, fast so, wie wenn Eltern beim zweiten und dritten Kind so tun, als wäre alles einfacher, weil man ja mittlerweile wusste, wie es geht.

Als ich das Fahrrad eine Woche später vom Schrauber abholte, war ich immer noch kein Mensch, sondern weiterhin ein Stichwort. Ich stieg auf das Fahrrad und trat in die Pedale, nach den ersten paar Metern wusste ich, dass ich dieses Fahrrad hasste. Ich weiß bis heute nicht, ob es daran lag, dass ich es unüberwindbar mit dem Shitstorm verband oder einfach damit, dass der Rahmen etwas zu klein war für mich. Ich zog wenige Monate später aus der Wohnung aus und ließ das Fahrrad unabgeschlossen im Innenhof stehen. Als ich im Umzugswagen aus der Straße fuhr und in Richtung meines neuen Stadtteils bog, war ich froh, in Zukunft zu Fuß zu gehen.

Der dritte Shitstorm war der, in dem mir eine spezielle Form von Übermut aufgezwungen wurde. Ich begann, meine Freunde zu hassen und meinen Partner, meine Familie und meine Kollegen, weil sie alle in verschiedenen Nuancen von Willkür bei mir anklopften und eine kleine Menge meiner Traurigkeit präsentiert bekommen wollten, gerade so viel, wie es für sie interessant war. Ihr Interesse an den Details meiner Kaputtheit korrelierte immer vollständig mit der Menge an Schund, den sie in den vergangenen Stunden im Internet über mich gelesen hatten. Ich spürte das, was man wohl Vereinzelung nennt, was nichts mit Einsamkeit und auch nichts mit Alleinsein zu tun hat, mir kam die Fähigkeit abhanden, zu glauben, dass andere auch nur ansatzweise nachvollziehen konnten, was in mir vorging. Ich war nicht depressiv und streng genommen hatte ich auch keine Angstattacken, auch wenn es subkutan ähnlich aussah. Ich verlor schlicht und ergreifend den Glauben an das Gute in den Menschen.

Der vierte Shitstorm erinnerte mich an mich als Kind, als ich mit fünf Jahren tagelang einen Milchzahn im Zahnfleisch behielt, weil ich Angst hatte vor dem Schmerz, den das Rausziehen mit sich bringen würde. Der Zahn hing nur noch an einem seidenen Fleischfaden, wäre ich abgelenkt gewesen, hätte ich vermutlich nicht einmal gemerkt, wenn er mir rausgerissen worden wäre, bis zu dem Moment, in dem sich der Mund mit Blut und sauer schmeckender Spucke füllt. Ich versuchte, den Shitstorm zu ignorieren. Das Einzige, was ich dadurch erlangte, war, dass ich auf alles drei Tage zu spät reagierte. Als ich die ersten Artikel in Onlinemedien sah, die mich und meine angeblichen Fehltritte diskutierten, schickte mein damaliger Freund mir ein Foto von dem Strand, an dem er gerade Urlaub machte. Er sagte nichts dazu, dass die Frage nach meiner moralischen Integrität gerade von Einzelnen in der Öffentlichkeit diskutiert wurde. Ich dachte an mein Fahrrad von damals, von dem ich schon nach wenigen Tritten in die Pedale wusste, dass ich es nicht fahren wollen würde. Ich starrte das Foto vom Strand an und wusste insgeheim, dass diese Beziehung keinen Sinn mehr ergab. Ich hatte begonnen, mir als Gegenleistung für mein Individualleiden in den vergangenen Jahren Absolutismus zu erlauben. Es wussten ohnehin nur eine Handvoll Menschen in Deutschland, wie es sich anfühlte, all das immer wieder durchzumachen, mir konnte niemand etwas raten und ich konnte niemandem antun, zu mir zu gehören. Die Beziehung ging erst ein paar Monate später in die Brüche, sodass die Einsicht, dass es die erste in meinem Leben war, die von der Distanzlosigkeit der Menschen im Internet kaputt gemacht wurde, sich nicht so schmerzhaft aufdrängte.

Bei meinem bisher letzten Shitstorm konsumierte ich Drogen in einer Wüste in Mexiko, ich hätte das sowieso getan, aber es tat mir in diesem Moment gut, so zu tun, als wäre es Absicht gewesen. Ich war bereit zu glauben, dass es irgendeine Art von freiwilliger Flucht gibt. Auf dem Höhepunkt meines Trips reichte mir der Schamane, mit dem ich den halluzinogenen Kaktus gegessen hatte, ein Getränk, das helfen sollte, er sagte nicht, wogegen, aber ich sah seit Stunden unangenehme Fratzen und war froh, das Wort *ayudar* zu hören. Das Getränk schmeckte nach Salz und Zitronensaft, fast wie eine alkoholfreie Margarita. Später trank ich einen Tequila, essen konnte ich auch Tage später nicht. Als ich wieder nüchtern war, am selben Abend, schmerzten meine Oberschenkel von dem Sonnenbrand, den ich mir zugezogen hatte. Ich saß schweigend im Hotelzimmer meiner Make-up-Artist Sarah und sah ihr dabei zu, wie sie sich für das Abendessen frisierte. Mein Handy lag nutzlos auf dem Tisch neben mir, ich wusste nicht, wem ich in Deutschland irgendetwas zu sagen hatte. Wie der erste Morgen nach einer Trennung, wenn man wenige gute Momente lang nicht weiß, wieso man sich so fühlt, bis einen die Gewissheit des Vortages erschlägt, fiel mir ein, dass am anderen Ende der Welt Leute mit beeindruckendem Eifer über meine vermeintliche Charakterstärke diskutierten. Ich suchte das Internet nach dem neusten Stand ab, fast so, als würde ich wissen wollen, was ich für die kommenden Tage von mir selbst zu denken habe. Ein paar Online-Artikel kommentierten, was davon zu halten sei, dass ich meinen Twitter-Account gelöscht habe. Abends im Restaurant trank ich drei Margaritas und musste mir auf dem Rückweg zum Hotel große Mühe geben, mich nicht zu erbrechen, am nächsten Tag flog ich zurück. Beim Blick aus dem Fenster der Maschine schaute ich mir das kleiner werdende Mexiko an und stellte fest, dass dies das bisher einzige Land ist, das ich in meinem Leben besucht habe, in dem ich keine einzige Sekunde auf Twitter verbrachte.

Die ersten Jahre meiner Karriere in der Öffentlichkeit habe ich versucht, besonders unbeeindruckt davon zu wirken, für ein paar Tage in einem Mikrokosmos das größtmögliche Reizthema zu sein. Ich blieb befreundet mit Journalisten, die in dieser Zeit kritische Texte über mich veröffentlichten, ich akzeptierte, dass meine Partner empathielose Witze über die Zukunft meiner Karriere machten, weil sie mit der Situation nicht umzugehen wussten. Ich antwortete ehemaligen Kollegen geduldig auf lange Nachrichten, die zu keinem anderen Zweck an mich verschickt worden waren, als das Manisfestieren dieses Drive-by-Kontakts, der für sie wenige Tage zu der Illusion von Relevanz führt. Ich bedankte mich bei Kolumnisten, die mich öffentlich in Schutz nahmen, und ich schlief mit Männern, die sehr stolz darauf waren, *wenig im Internet* zu sein, und die ganzen Debatten um mich herum deswegen nicht mitbekamen. Parallel dazu merkte ich mir genau, welche Frauen wann in der Öffentlichkeit ein falsches Wort über mich verloren, ich nahm ihnen ihre Verrisse persönlicher, ich beendete Freundschaften mit Freundinnen, die meiner Meinung nach nicht genug für mich da waren. Kein Shitstorm, den ich hatte, war wie der andere. Ich bekam Morddrohungen von Nazis und ich wurde von Linken für einzelne Aussagen angegriffen, konservative Journalisten machten sich über mein Aussehen lustig und andere Feministinnen diskutierten öffentlich, mit wem ich an welchem Punkt meiner Karriere wohl für welche Gegenleistung geschlafen hatte. Die einzige Parallele bei allen war, dass ich den Fehler beging, den auch die Kardashians bei jeder öffentlich ausgetragenen Affäre von jedem ihrer Ehemänner begehen: Ich machte die Frauen verantwortlich und nahm die Männer in Schutz. In den größten Stresssituationen meines Lebens habe ich den einfachsten Mechanismen vertraut, der Frauen ohne ausgesprochen großes Selbstwertgefühl weiterhilft. Ich habe versucht, meinen Wert zu steigern, indem möglichst viele Männer mich mögen. Wenn schon ich es nicht tue.

2022 prägte die Journalistin Rayne Fisher-Quann in einem Text für das *i-D Magazine* den Ausdruck *being woman'd*, sie hatte diese Redewendung einige Tage zuvor auf Twitter als eine Art Scherz benutzt, als sie darauf hinweisen wollte, dass die Autorin Ottessa Moshfegh kurz vor ihrem Schicksal steht, *gewoman'd* zu werden. Der Artikel von Fisher-Quann formuliert das immer wieder zu beobachtende Phänomen, dass Frauen in der Öffentlichkeit zuerst durch bedingungslose Lobpreisung und Anerkennung auf ein Podest gehoben werden, um das sie selbst nicht gebeten, das sie selbst auch nicht erbaut hatten, nur, um wenige Zeit später von derselben Öffentlichkeit von diesem Podest wieder heruntergetreten zu werden. Im Falle von Moshfegh war es ihr Roman »Mein Jahr der Ruhe und Entspannung«, der vom Literaturbetrieb genau wie vom Popfeminismus gelobt wurde. In dem Buch folgt man einer jungen New Yorkerin, die versucht, ihrer eigenen Familiengeschichte und ihrer omnipräsenten Melancholie zu entgehen, indem sie sich durch Drogen in einen nur durch kurze Episoden der Wachheit unterbrochenen monatelangen Schlaf manövriert. Moshfegh war nie die Figur, zu der sie gemacht wurde. Sie war bereits, als ihr erster Roman erschienen war, eher düster, voller Ambivalenzen, ihre Texte waren schon immer von frauenfeindlicher und ableistischer Gewalt durchzogen, die man literarisch mühelos verargumentieren kann, die aber weniger zum Lifestyle und den Ansichten derer passen, die sie zum neuen Postergirl des weiblichen Literaturbetriebs gemacht haben. Am Ende von *woman'd* steht immer die Enttäuschung darüber, dass die Frau, von der man ungefragt mehr erwartet hatte, das tut, was sie in der Regel immer schon getan hat: ein unvorhersehbarer, vielschichtiger, fehlerhafter Mensch zu sein. In den vergangenen Jahren waren es auch Frauen wie Lena Dunham, Cara Delevigne oder Billie Eilish, die von einer makellosen »You go girl!«-Mentalität zunächst zu unerreichbaren Idolen hochstilisiert wurden, nur, um ihnen diesen Titel beim ersten öffentlichen Schritt, der bewiesen hat, dass sie wie jeder andere Mensch auch einem solchen Anspruch nicht gerecht werden können, wieder zu entziehen. Der Kreislauf wiederholt sich immer und ständig, so weit, dass einige der Frauen die Phasen der Enttäuschung durchstehen, um wenige Jahre später direkt noch mal ins Unermessliche erhöht zu werden.

Im Nachhinein ist mein großes Karriere-Glück, dass eine der ersten Sachen, die Menschen über mich wussten, war, dass ich wohl *umstritten* sei. Ich musste keine Sekunde befürchten, den unerfüllbaren Erwartungen, die man Frauen in der Öffentlichkeit gerne auflädt, nicht gerecht werden zu können. Ich musste eine Reihe Shitstorms erleben, auf die ich aus psychohygienischen Gründen hätte verzichten können, um das Privileg zu erfahren, das Männer in der Öffentlichkeit in der Regel immer haben. Man unternahm den Versuch, mich als vollständigen Menschen zu begreifen.

Enttäuschung ist ein machtvolles Instrument, weil es gar nicht erst die Frage danach stellt, ob gewisse Erwartungen bewusst aufgebaut und dann nicht erfüllt wurden, sondern direkt mit der Behauptung beginnt, dass das Podest, auf das eine Frau gestellt wurde, Teil eines perfiden Plans war, der rechtzeitig von einer Teilöffentlichkeit entlarvt wurde. Enttäuschung kann nur existieren, wenn die Partei, die enttäuscht wurde, davon überzeugt ist, zuvor getäuscht worden zu sein. Das ist die Kehrseite der bedingungslosen Hype-Kultur, bei der Frauen andere Frauen für jede ihrer Entscheidungen und öffentlichen Auftritte *hypen* wollen. Menschen sind vielschichtig und selbstsüchtig und die guten von ihnen versuchen dennoch, so oft wie möglich ihre besten Seiten zu zeigen. Dass gerade Frauen im ersten Moment, in dem sie öffentlich (bewusst oder aus Versehen) eine ihrer schlechten Seiten zeigen, eine ihrer gedankenlosen oder unaufmerksamen oder ungeschickten, mit dem Vorwurf zu kämpfen haben, alle guten Seiten, die sie bis zu diesem Moment gezeigt haben, seien hinterhältige Täuschungsversuche gewesen, erzeugt einen unauflösbaren Druck, der uns alle immer wieder durch denselben Kreislauf von Auf- und Abwertung zwingt.

Mir tun Frauen in der Öffentlichkeit leid, die noch nie einen Shitstorm hatten, denn das bedeutet schlicht und ergreifend, dass sie ihn noch vor sich haben. Ich befürchte, es ist nicht möglich, eine Frau in der Öffentlichkeit zu sein, ohne früher oder später mit der Behauptung eines massiven Fehltritts konfrontiert zu werden.

Das Rührende an Shitstorms ist, dass die Lehre, die in den meisten Fällen daraus gezogen werden kann, so banal ist, dass man sich fragt, ob diese Hass-Schleifen überhaupt nötig sind. Am Ende steht man im Internet rum und stellt fest: *Menschen machen Fehler. Nur, weil man es gut meint, heißt das noch lange nicht, dass man es gut macht. Wir alle haben noch viel zu lernen.*

*

Ein großes Glück in meinem Leben ist beispielsweise die Tatsache, dass ich in den spannenden ersten Jahren meiner Adoleszenz absolut beziehungsunfähig war. Es gibt diese unglaubliche Faszination für kaputte Frauen, für unliebbare oder andersrum nicht liebenswürdige Frauen, die in aller Härte und an den Herzen der Menschen vorbei durch die Welt marschieren.

Ich konnte aus alldem schöpfen, ich konnte all das sein. Ich habe das alles gelebt. Die pathetischen One-Night-Stands, das erbärmliche Anstarren von blauen Haken, das nächtliche Im-Bett-Liegen, im Kopf das eigene Leben umkrempelnd, in der Hoffnung, dass die nächste Liebe völlig anders sein würde, nur, um am nächsten Morgen genauso weiterzumachen wie zuvor.

Zu frühes Glück in der Liebe macht wahrscheinlich wahnsinnig langweilig. Wenn ich Frauen um eine Sache bitten dürfte, dann, den Anfang ihrer Zwanziger nicht in der Belanglosigkeit einer heterosexuellen Beziehung zu verschwenden.

Ich würde gerne etwas über alle Männer schreiben, mit denen ich je geschlafen habe. Ich würde gerne beschreiben, wie manche von ihnen ekelhaft abweisend waren am Morgen danach, wie sie geweint haben, als ich herausgefunden habe, dass sie mich mit ihren Ex-Freundinnen betrügen, wie sie eine Trennung nicht vollzogen, sondern stattdessen einfach anfingen, kommentarlos in einem anderen Zimmer zu schlafen.

Zum einen stelle ich es mir witzig und auf eine verdrehte, nachträgliche Art gerecht vor.

Zum anderen erinnere ich mich selbst sehr genau an die Blaupause von Trost, die ich empfand, wenn ich lesen durfte, wie furchtbar das Liebesleben von anderen Frauen zu sein scheint. Ich sehnte mich nach den Nacherzählungen von düsteren und toxischen Beziehungen, zu denen meine Lieben im Vergleich harmlos und heiter wirken durften. Im Grunde könnte das vielleicht das Einzige sein, was Frauen ständig machen sollten: sich den eigenen Horror so oft erzählen, bis allen von uns auffällt, dass es Dinge gibt, die wir wirklich ausnahmslos alle erleben.

Leider glaube ich, dass es unfair wäre, über alle Männer, mit denen ich je geschlafen habe, zu schreiben. Ich glaube, man geht in dem Moment, in dem man sich voreinander auszieht, eine Art unausgesprochenen Vertrag darüber ein, dass man sich nicht gegenseitig lächerlich macht, sollte einer von beiden in naher oder entfernter Zukunft Bücher schreiben.

Gleichzeitig glaubt ein kleiner Teil in mir, der nämlich, der die Serie *Game of Thrones* in ihrer geballten Rachefantasie nachvollziehen kann, dass ausnahmslos jeder Mann es verdient hat, in einem Buch lächerlich gemacht zu werden, solange er der Frau, mit der er zusammen war, genau das Mittelmaß an Romantik und Zuneigung entgegengebracht hat, das ich bei mir und anderen Frauen erlebe. Der Kompromiss ist, dass ich aus allen Männern, mit denen ich jemals geschlafen habe, einen Durchschnittstypen gebaut habe. Rache und Schutz von Persönlichkeitsrechten müssen sich nicht ausschließen.

* Wir lernen uns auf einer Party kennen. Nachdem wir uns küssen, sagt er mir, dass er eine Freundin hat. Ich schäme mich. Eine Woche später meldet er sich und sagt, dass er mit seiner Freundin Schluss gemacht hat. Egal, wie sehr ich mich anstrenge, ich erinnere mich nicht an den kleinsten Anflug von Misstrauen.
* Wir treffen uns das erste Mal auf halber Strecke zwischen unseren Städten, in einem dieser westdeutschen Orte, die man nur vom Hauptbahnhof auf der Durchfahrt kennt. Beim Abendessen wird er schweigsam. Ich denke, ich langweile ihn. Erst ein paar Tage später wird er mir am Telefon beichten, dass er wahnsinnig eingeschüchtert war von mir. Er fragt, ob ich vielleicht eine psychische Störung hätte, irgendetwas, was andere Menschen einschüchtert. Er sei nicht leicht einzuschüchtern, es müsse also an mir liegen.

* Für unser drittes Treffen soll er mich besuchen, er wohnt zwei Stunden von mir entfernt. Ich bereite Pilz-Tarte vor und kaufe Wein. Abends ruft er an und sagt, dass er eingeschlafen sei und seinen Zug verpasst habe. Ich erinnere mich an ein Kribbeln am ganzen Körper, das erst weggeht, als ich am Bahnhof stehe und am selben Abend in den ICE zu ihm steige.
* Ich darf ihn 4 Wochen lang nicht in seiner Wohnung besuchen, weil seine Ex-Freundin etwas dagegen hat.
* Wir bewerben uns zur selben Zeit auf einen Job als Gag-Autor für eine Late Night Show, ich werde genommen, er nicht. Er glaubt, dass das nicht mit rechten Dingen zugehen kann, und beleidigt den Moderator der Sendung daraufhin wochenlang auf Twitter.
* Nach zwei Monaten laufen wir seiner Ex-Freundin auf einer Geschäftsreise über den Weg, die sich darüber lustig macht, dass sie schlanker ist als ich. Wir schweigen uns auf dem Heimweg an, bis er mir sagt, dass er bei unserem Kennenlernen tatsächlich darüber nachgedacht hat, ob ich ihm vielleicht zu dick sein könnte.
* Wir sitzen in einer Bar, er streicht mir über die Haut im Dekolleté und sagt, wie wundervoll glatt sie da sei, im Gegensatz zu der in meinem Gesicht. Das mit der Akne sei schon schwierig.
* Er schreit mich im Taxi nach Hause an, weil er glaubt, seine Freunde würden mich mehr mögen als ihn.
* Auf einer Party beendet jemand den Small Talk mit ihm, um mich zu einer Veranstaltung einzuladen. Er redet den restlichen Abend nicht mit mir und kün-

digt am nächsten Morgen an, dass wir in Zukunft nur noch getrennt zu Veranstaltungen gehen.

* Ich erzähle ihm, wie viel Geld ich für ein Projekt angeboten bekommen habe, an dem ich lange gearbeitet hatte. Er gratuliert nicht, redet sich stattdessen in Rage darüber, dass solche Summen für Leute wie mich der Beweis dafür seien, dass die Medienbranche irreparabel kaputt sei. Wenige Monate später leiht er sich Geld bei mir, das ich nie zurückbekomme.
* Er beendet unsere Beziehung per SMS. Ich nehme ihn ein paar Wochen später zurück. 4 Monate später beendet er die Beziehung noch mal. Diesmal per Sprachnachricht.
* Er vergisst eine teure Jacke, die ich ihm geschenkt habe, in der Garderobe eines Konzerthauses und holt sie nie wieder ab.
* An seinem Geburtstag trifft er sich zuerst mit seiner Ex-Freundin und kommt dann später noch bei mir vorbei.
* Er trifft an Weihnachten zuerst seine Ex-Freundin und kommt dann später noch bei mir vorbei.
* Er stellt mich bei einem Konzert seiner Mutter vor und antwortet im Anschluss an den Abend nie wieder auf meine Nachrichten.
* Jahre, nachdem wir das letzte Mal miteinander geschlafen haben, laufe ich an ihm an einer Ampel in Hamburg vorbei. Ich tue so, als würde ich ihn nicht sehen, ehe er so tun kann, als würde er mich nicht sehen. Ich verbuche das als absoluten Erfolg in Sachen Selbstwert.

* Er schickt mir das Buch, das er geschrieben hat, Monate nach unserem letzten Kontakt, ungefragt zu meinem Arbeitgeber, dazu einen seitenlangen Brief in winziger Schrift. Ich lese den Brief nicht. Das Buch handelt von toxischen Beziehungen.
* Er postet auf Instagram, wie aufregend und wunderbar seine Woche war. Es war die Woche, in der er mich verlassen hat.

Einer der plakativsten Sätze, mit der sich die vermeintliche Erbärmlichkeit von *pick me girls* zusammenfassen lässt, ist: *I can fix him*. Diese Idee davon, dass es Frauen gibt, die sich selbst für so außergewöhnlich halten, für so herausragend und liebenswürdig, dass sie besonders unnahbare Männer wieder ganz streicheln können, ist vielleicht das Moment, das diese einzigartige Mischung aus Arroganz und Selbstaufgabe am besten zusammenfasst, das *pick me girls* ausmacht: Es gibt Frauen, die sich für so anders als andere Frauen halten, dass sie keine einfache Liebe verdient haben. Sie sind offenbar zu Größerem berufen. Und dieses *Größere* ist am Ende immer irgendeine Variation der exakt selben Sache: der radikale Komfort von so vielen Männern in ihrem Umfeld wie möglich.

Das, was in Indie-Filmen und besonders pathetisch-guten Liebesliedern als echte, authentische Liebe verkauft wird, ist oft nur diese eine Sache, wo zwei erwachsene Menschen die Verantwortung für ihre eigenen Wunden an ihr Gegenüber abgeben. Das sieht dann oft aus wie *Wachstum*, wie ein *gemeinsamer Weg*, den man geht, gepaart mit einer Reihe aufrichtiger und verletzlicher Gespräche über Erinnerungen an Kindheit und Traurigkeit über Eltern. Wahrscheinlich sollte aber keine andere Person etwas mit der eigenen Traurigkeit anfangen müssen, außer man selbst. Niemand kann ein inneres Kind daten.

Das für Frauen Knifflige daran, von einem Zeitgeist erklärt zu bekommen, dass echte Verletzlichkeit für eine echte Beziehung auf einem Partner abgeladen werden sollte, ist, dass sie (absoluter Schocker) dabei meist schlechter wegkommen, als Männer es tun. Es gibt kein *I can fix her.* Es gibt nur *I can fix him.* Es gibt keine popkulturelle Tradition, zu erzählen, wie sehr Frauen durch die richtigen Beziehungen zu Männern plötzlich die sanften, liebenswürdigen Personen wurden, die sie glaubten, nie sein zu können. Es gibt nicht das Bild der einsamen Wölfin, die glaubt, die Liebe eines Mannes nicht zu brauchen. Es gibt nicht eine einzige Tradition, Kultur oder Religion, die es als erstrebenswertes Lebensmodell erklärt, dass ein Mann sich vor allem dem Versuch widmet, die Selbstverwirklichung der Frau möglich zu machen. Wenn ein Mann seinen Selbsthass bei einer Frau ablädt, wird sie, wenn sie Pech hat, ihre Zeit damit verschwenden, ihn zu genau dem Mann zu machen, der er gar nicht sein möchte. Sie wird dann diese Frau sein, die besonders viel Selbstwert daraus zieht, nachts um drei betrunken verwirrte Anrufe zu bekommen oder tagelang auf Nachrichten zu warten, um ihm jeden Tag aufs Neue zu zeigen, dass er ihr vertrauen kann. Wenn eine Frau ihren Selbsthass bei einem Mann ablädt, wird er sie schlicht genauso schlecht behandeln, wie sie glaubt, behandelt werden zu dürfen. Es gibt für kaputte Frauen in der Liebe wenig zu holen. (Um einfach mal eine deprimierende Notiz einzufügen: Wenn Frauen chronisch oder sterbenskrank werden, werden sie von Pflegeeinrichtungen schon mal sanft auf die Möglichkeit vorbereitet, dass ihre Ehemänner sich trennen könnten. Das ist statistisch nämlich wahrscheinlicher, als dass sie bei ihnen bleiben.) Ich war jahrzehntelang ausgesprochen kaputt. Ich habe unterschiedlichste Männer versucht zu lieben. Nicht einer hat jemals den Versuch unternommen, etwas gegen meine Kaputtheit zu tun. Ich habe ausnahmslos immer versucht, meine und ihre Kaputtheit gleichzeitig zu reparieren.

Dieser Hang von Frauen, die eigenen Errungenschaften kleinzureden, hat die Nebenwirkung, dass die eigenen Probleme und Leiden automatisch auch kleingeredet werden. Dieser Hang, sich also im Namen des Feminismus lustig zu machen über andere Frauen, um besonders *humorvoll* unter Beweis zu stellen, wie heiter und einfach die Gleichberechtigung der Frau eben auch vonstattengehen kann, wie sehr man es schafft, trotz Frauensolidarität mit anderen Frauen auch noch hart ins Gericht zu gehen, resultiert fast immer darin, die aufrichtige Traurigkeit von Frauen kleinzureden.

Ich finde, wenig ist trauriger als der Satz *I can fix him*. Wenig ist deprimierender als eine Frau, die sich ein Schicksal als *pick me girl* ausgesucht hat. Wenige psychologische Motive sind so einfach durchschaubar wie die von Frauen, die alles dafür tun wollen, es Männern um sich herum möglichst einfach zu machen. Es steckt ein gewisser Trotz darin, wenn Feministinnen heute zugeben, dass sie früher auch mal ein *pick me girl* waren, so, als hätten sie ihre damaligen Verfehlungen jetzt endlich eingesehen und würden mittlerweile alles daransetzen, sich endlich in allem, was sie tun, zu verbessern. Ich dachte mehr als ein Jahrzehnt, dass ich jeden Mann, der mir gerade über den Weg lief, reparieren könnte. Ich wollte das tun, indem ich anders als andere Frauen war. Ich merkte mir die Anekdoten, die sie über ihre Ex-Freundinnen erzählten, die Streitthemen, das, was ihn an ihr störte. Ich gab mir große Mühe dabei, diese Geschichten mit einem eleganten Stirnrunzeln zu quittieren, eines, das nicht zu verdächtig herablassend darauf reagierte, was *sie* da offenbar als Bedingungen in der Beziehung stellte, eines, das eher so tat, als würde ich aufmerksam und unbeeindruckt zuhören. Währenddessen prägte ich mir jedes einzelne Wort ein und versuchte, eine Version von mir selbst zu sein, die möglichst nah an einen Gegenentwurf dieser Ex-Freundin herankam. Die Erbärmlichkeit, die damit einhergeht, kann eine ganz angenehme Distanz zwischen einem Menschen, den man vorgibt zu lieben, und sich selbst erzeugen. Man muss sich dann nicht an den Gedanken gewöhnen, dass man tatsächlich für die Person, die man ist, geliebt wird. In einem Herbst von einem dieser Jahre, in denen man sich schon im September hektisch auf Weihnachten freut, allein deswegen, weil dann endlich bald das Jahr zu Ende ist, erzählte ich meiner Therapeutin davon. Ich zählte all die Anekdoten auf, in denen ich über den Punkt der Selbstaufgabe versucht habe, irgendwelchen Männern zu beweisen, wieso ich es wert bin, dass sie mir Platz in ihrem Leben machen. Sie schaute mich mit einem demonstrativ geduldigen Blick an, den ich immer dann ernte, wenn ich mit meinem Gedanken offenbar noch nicht beim Wesentlichen angekommen bin. Ich stocherte ein wenig herum, bis ich schließlich sagte: »Na ja. Frauen sind eben so, wie sie sind. Ich glaube nicht, dass ich mir bei Frauen irgendetwas erarbeiten kann.« »Wieso haben Sie sich dann eine weibliche Therapeutin gesucht?« Ich zuckte ahnungslos mit den Schultern. »Bei einem Mann hätten Sie sich ja *erarbeiten* können, dass er sie mag«, ergänzte sie. Ich presste meine Lippen zusammen. »Dann habe ich wohl einfach Glück gehabt, dass wir uns mögen«, sagte ich nach einer peinlichen Pause. Sie schüttelte den Kopf. »Klingt eher so, als hätte *ich* Glück gehabt.« Ich schwieg noch ein wenig weiter, was einen schmerzt, wenn man seine Therapiezeit selbst bezahlt.

Auf dem Heimweg begann ich die Frauen zu vermissen, die mir im Laufe meines Lebens abhandengekommen waren. Ich dachte an Freundschaften, die ausgelaufen waren, an ehemalige Mitbewohnerinnen, mit denen ich es nicht schaffte, Kontakt zu halten, an Verwandte und an Professorinnen, die mich nach meinem Abschluss inständig gebeten hatten, ihnen zwischendurch zu schreiben. Das passierte mir immer wieder, ich verlor fantastische Frauen. Ich fand selbst lange keine Antwort darauf, wieso das so war. Mittlerweile befürchte ich, dass ich die Abwesenheit von dem Leistungsdruck, es meinem Gegenüber möglichst bequem zu machen, mit Langeweile verwechselte. Ich sehnte mich nach der ständigen Möglichkeit, mich Männern gegenüber selbst in genau die Fantasie zu optimieren, die sie meinem Empfinden nach gerade sehen wollten.

Mir tun Frauen, die heute den *pick me girl*-Fiebertraum leben, in dem sie ganz betont nur mit Männern befreundet sind, weil Frauen *so viel Drama* seien, eher leid, als dass ich mich über sie lustig machen will. Es ist allerdings die beste Strategie, wenn man mittelfristig verhindern will, sich mit der Tatsache konfrontiert zu sehen, dass man als Mensch, genau so, wie man in diesem Moment ist, ohne Gegenleistung oder Reparatur, einfach vollständig liebenswert ist. *Pick me girls* waren nie die erbärmlichen Antifeministinnen, zu denen der Social-Media-Diskurs sie in den vergangenen Jahren gemacht hat. *Pick me girls* sind ganz normale Frauen, mit ganz normalen Zweifeln. Und sie geben sich einer der vielen Gegenleistungsfantasien hin, die ihnen zur Verfügung steht.

*

Am Tag meiner Einschulung war ich gelangweilt. Die Begrüßungsrede unserer Lehrerin im Klassenzimmer unterbrach ich damit, dass ich leise und gründlich all meine Mappen wieder in den Schulranzen packte und mich schließlich mit gepackten Sachen vor meinen Platz stellte, während die anderen Kinder noch brav saßen. Ich hatte die Hoffnung, den ganzen Prozess, nicht nur die Rede, sondern das Zur-Schule-Gehen an sich, damit beschleunigen zu können. Ich war ja jetzt eingeschult, dachte ich. Abgehakt. Was stand als Nächstes an? (Zu meiner großen Desillusionierung stand nach Eingeschultwerden auch noch In-die-Schule-Gehen an, und das jeden Tag. Ich bin bis heute davon überzeugt, dass das sprachlich verwirrend ist. Einschulung klingt wie ein kurzer Prozess, der schnell beendet ist und dann auch nie wieder angerührt werden muss.)

In der ersten Klasse jedenfalls sollten wir alle unsere Traumberufe malen. Ich ahnte, dass das ein großer

Moment für meinen Verbleib im sozialen Gefüge der Klassengemeinschaft werden könnte. Bereits jetzt, wo wir alle noch nicht mal einen eigenständigen Körpergeruch hatten, würden wir uns in wenigen Monaten in soziale Milieus und Beliebtheitskasten eingeordnet haben, danach, ob unsere Schulranzen von einer billigen Eigenmarke aus dem Discounter waren oder von Scout, danach, ob wir aufregende Geschichten zu erzählen hatten, wenn man gefragt wurde, was man in den Ferien unternommen hatte, danach, ob man schnell verstand, wie ein großes A in Schreibschrift geschrieben wird. Im Grunde alles wie bei Erwachsenen.

Ich sah, wie die Jungs und Mädchen um mich herum sich selbst malten als Polizisten und Ärztinnen, als Springreiterinnen (Ja, ja, Lena. Du hast ein *Pferd*, wir haben es alle mitbekommen!) oder als Eishockeyprofi. (Das war jemand, der zu meiner großen Freude und absoluten Begeisterung gar kein Eishockey spielte. Ich bewundere bis heute diese einzigartige Mischung aus Ambitionen und Bequemlichkeit. Das wäre in etwa so, als würde ich heute den sehr ernst gemeinten Traum verfolgen, einmal die Hauptrolle im Nussknacker zu tanzen.) Ich entschied, mich als Musicaldarstellerin zu malen. Ich fand die Idee wahnsinnig gut, später in Fellstulpen und mit aufgemalten Schnurrbarthaaren drei Oktaven in einer Minute zu singen. Jetzt, wo ich es aufschreibe, fällt mir auf, dass ich damals von meinem Traum »Musicaldarstellerin« genauso weit entfernt war wie der Junge von seinem Traum, Eishockeyprofi zu werden. Ich tanzte nicht, ich sang nicht, ich spielte kein Theater.

Der einzige Vorteil, den ich ihm gegenüber hatte, war, dass er sich vermutlich nachmittags keine DVDs mit alten Eishockeyspielen anschaute.

Kinder besitzen diese rührende Fertigkeit, nicht zwischen Leidenschaften und Talent zu unterscheiden. Es stellte sich gar nicht die Frage, ob wir den Beruf, in den wir uns da selbst reinmalten, überhaupt jemals gut beherrschen würden. Wir fanden die Idee, ihn jeden Tag auszuführen, interessant genug. Ich ahnte vielleicht schon damals, dass an mir keine große Musicaldarstellerin verloren gehen würde.

Ich hörte auf, mich für Musicals zu interessieren, als sich in mir das Gefühl breitmachte, dass es für unterschiedliche Mädchen unterschiedliche Rollen gab. Ich ahnte, dass die zarten, die stillen, die zerbrechlichen und vor allem die *niedlichen* Mädchen anders behandelt wurden als ich. Ich lernte, dass das die Mädchen waren, die Disney- und Barbie-Filme gucken konnten, selbst wenn sie schon ein paar Jahre zu alt dafür waren, und ihr Umfeld das weiterhin entzückend fand. Das waren die Mädchen, denen Koketterie gehörte. Es waren die Mädchen, die von nahezu ausnahmslos allen Erwachsenen besser behandelt wurden als andere. Männer schauten sie aufmerksamer an, Frauen unterhielten sich länger mit ihnen. Das ist eine These, die ich nicht beweisen kann, die ich aber bis aufs Blut verteidigen würde. Die lauten, anstrengenden Mädchen werden in etwa so asexuell-aussätzig behandelt wie die stillen, nachdenklichen Jungs. Im Erwachsenenalter ist diese Kombination aus lautem Mädchen und stillem Jungen übrigens die am häufigsten auftretende Freundschaftskombination. Ist ja klar: Wir haben die gleichen Komplexe. Und die lauten, anstrengenden Mädchen mussten dazu noch aufpassen, dass nicht jeder ihrer Schritte als seltsam, freakish, peinlich eingeordnet wird. Wenn das blonde-schlanke-beliebte Mädchen im Sportunterricht auf dem Bolzplatz beim Schuss das Tor um zehn Meter verfehlt, war das witzig und niedlich. Wenn mir das passierte, dem pummeligen, oft ernsten und lauten Mädchen, gab es beklemmendes Schweigen.

Eine der Fragen, die man sich als Teenager ständig stellt, ist die nach der eigenen Seltsamkeit. Ehe ich das Konzept von Schönheit, von Gender-Rollen oder Leistungsdruck wirklich verstanden habe, wusste ich bereits, wie das funktioniert: mich pausenlos und jeden Tag mit allen um mich herum zu vergleichen, um jede etwaige Abweichung an mir selbst möglichst schnell festzustellen und als »seltsam« zu labeln. Ich wusste nicht ansatzweise, welche Anforderungen konkret an Mädchen gestellt wurden, ich sah aber die Mädchen um mich herum und merkte, an welchen Stellen ich anders war als sie, wann ich anders behandelt wurde, wann man von mir mehr oder weniger erwartete als von den anderen. Und je mehr Lebensbereiche man kennenlernt, in denen man rumlaufen und die eigene Seltsamkeit mit der der anderen vergleichen kann, desto mehr glaubt man, ein besseres Gefühl dafür zu bekommen, wo man steht, in der Hackordnung, in der Beliebtheitsskala, im Leben allgemein.

In der Comedy gibt es die Idee des *doubling downs*. Wenn ein Witz nicht funktioniert, nimmt man ihn nicht zurück, sondern stemmt sich ganz im Gegenteil noch weiter in die Pointe, verstärkt die Übertreibungen, macht die Persiflage noch offensichtlicher und lächerlicher. Meistens führt *doubling down* dazu, dass ein Witz doch noch funktioniert. Die Theorie dahinter ist, dass aus dem Material, das man sich ausgedacht hat, früher oder später Humor entstehen muss, wenn man den Kontrast, in dem am Ende des Witzes eben die Pointe stecken muss, immer weiter hochdreht. Vorausgesetzt, das Material ist solide. Der schlimmste Satz, den man demnach auf einer Bühne sagen kann, ist: »Ne, ich mach' nur Spaß!« Sobald ihn ein Comedian sagt, nachdem er jemandem aus dem Publikum spielerisch beleidigt hat, stehe ich auf und gehe.

Als ich das erste Mal von *doubling down* hörte, sackte das Konzept über Wochen in die tiefste Schicht meines Stammhirns ein. Alles in mir sträubte sich dagegen, es auszuprobieren, weil es mir wie fahrlässiges Pokern mit den eigenen Witzen vorkam. Wenn ein Witz schlecht ist und man dennoch auf ihm beharrt, macht man sich früher oder später lächerlich. Ich probierte es zaghaft aus, indem ich immer mal wieder in Shows oder in einem Podcast einen *running gag* zu lange laufen ließ, jeder weiß, dass *running gags* sich früher oder später erschöpft gerannt haben und sich dann früher oder später selbst auslaufen. Was viele allerdings nicht wissen, ist, dass *running gags* danach wieder witzig werden. Wann genau, kann niemand wirklich vorhersagen. Man muss nur lang genug aushalten, bis zu dem Moment, wenn alle wieder lachen.

Könnte ich eine Sache an meiner Jugend ändern, würde ich mich gerne im Nachhinein dazu zwingen alles, was ich tat, doller zu tun, als ich es mich getraut habe zu tun. *Doubling down.* Ich glaube, man kann ein Humorkonzept mühelos auf das Leben eines Teenagers anwenden, immerhin ist die Pubertät ein einziger Witz. Immer, wenn ich mir besonders große Mühe dabei gegeben habe, so wenig seltsam wie möglich zu sein, war ich die künstlich langweiligste Variante von mir selbst. Wenn man als Teenager beginnt, die Seltsamkeit der Umwelt mit der von sich selbst zu vergleichen, spürt man einen Überstand in irgendeine Richtung, den man paradoxerweise meist so interpretiert, dass man selbst das Problem ist. Am schlimmsten sind natürlich die Leute, die genauso sind wie alle um sie herum, die es zu ihrer charakterlichen Aufgabe machen, so wenig wie möglich von ihrer Umwelt abzuweichen. Aber das weiß man als Teenager noch nicht. Stattdessen versucht man, normaler zu sein, als man es ist, und man ignoriert die Tatsache, dass man natürlich höchstens 15 Jahre alt ist und wirklich nicht einmal ansatzweise eine Ahnung davon haben kann, was das bedeutet: normal. Ich jedenfalls kam in die Mittelstufe und betrieb Inventur über das, was ich für Spleens und Probleme an mir selbst hielt, und kam zu dem Entschluss, ganz genau zu wissen, dass ich bereits jetzt viel zu seltsam war. Ich hörte auf, mich für Musicals zu interessieren. Ich trat in den Sportverein ein. Ich hörte auf, mir die Haare in Grün-

und Blautönen zu färben, und schnitt mir stattdessen die Frisur, die Sarah Kuttner damals hatte (und bis heute hat). Mein Bruder fand Sarah Kuttner gut und mein Bruder war nach allen denkbaren Maßstäben ein superguter Kerl. Vielleicht müsste ich einfach so wie sie sein, dachte ich. *That girl.* Ein bisschen cool, ein bisschen sexy, vor allem aber: höchstens ein *bisschen* seltsam.

Doubling down kann faszinierend sein, weil es einem so viel Entschlossenheit abverlangt. Es ist einfach, einen Witz noch mal zu machen, wenn man weiß, dass er funktioniert. Es ist harte Arbeit, in leere Gesichter zu starren und ohne ironischen Ausweg in exakt noch mal dieselbe Kerbe zu hauen, ohne zu wissen, ob das endlich Erleichterung in Form von Gelächter bringt.

In der Zeit, in der ich zur Frau wurde, nahm ich all die Dinge zusammen, die ich bewusst oder unbewusst gelernt hatte übers Frausein. Ich ordnete mich selbst ein danach, wie gut ich aussah, wie gut Männer mich behandelten, auch wenn das gerade für Teenagerinnen meistens ein und dasselbe ist. Ich versuchte, alles, worauf ich verzichten konnte an meinen eigenen Seltsamkeiten, loszuwerden.

Als ich zwei Jahre Teenagerleben an eine Essstörung verschenkt habe, um mehr so auszusehen wie die anderen Mädchen, um weniger aufzufallen, war ich die mit Abstand uninteressanteste Version meiner selbst. Als ich anfing, auf Partys weniger zu reden und weniger zu lachen, weil ich merkte, dass Jungs gerne ihre schwitzigen Hände in die schwitzigen Hände von Mädchen legten, die neben ihnen saßen und ausdrucksarm schwiegen, entging mir die vielleicht radikalste Version von mir selbst.

Es gibt diese US-amerikanische Comedy-Serie *Modern Family*, die behauptet, einer durchschnittlichen US-amerikanischen Familie durchs Leben zu folgen. Die Serie ist entsetzlich weiß und an manchen Stellen prüde. Es gibt da das schwule Paar Cam und Mitchell, das sich in all den Staffeln nicht ein einziges Mal auf den Mund küsst, während man den heterosexuellen Paaren teilweise bis zu romantischen Sex-Dates in abgelegten Hotels folgt. Cam und Mitchell stellen so was wie zwei Archetypen von Homosexualität dar. Cam hat sich früh geoutet und hat trotz kleinerer familiärer Hürden ein unterstützendes Umfeld erlebt, das ihm das Gefühl gegeben hat, dass alles, was er tut und sein will, genau richtig so ist. In der Serie ist er der Typ schwuler Mann, der sich nicht dafür interessiert, ob er ein schwules Klischee in den Köpfen verklemmt-homophober Menschen bedient. Er singt und tanzt bei jeder sich bietenden Gelegenheit, verkleidet sich und seine Tochter zu erstaunlich vielen Anlässen, trägt Rosa und singt bei Lady Gaga mit. Mitchell hat als Teenager lange gebraucht, um sich und seine Homosexualität zu akzeptieren. Sein Vater Jay macht über alle Staffeln hinweg kein Geheimnis daraus, dass es ihm sehr lange schwerfiel, zu akzeptieren, dass sein Sohn schwul ist. Es gibt sogar eine besonders beklemmende Folge im Zuge der Gleichstellung der Homo-Ehe in den Staaten, die Jay als großen Helden feiert, weil er sich nach langem Hin und Her doch dazu durchringen konnte, die Hochzeit seines Sohnes zu besuchen. Ursprünglich erschien es Jay einfach *falsch*, dass da zwei Männer vorm Altar standen. Wie so oft bei *Modern Family* wird das Wiederholen eines menschenfeindlichen Klischees nicht dadurch aufgelöst, dass es zurückgenommen wird, sondern nur dadurch menschlicher gemacht, dass die Person, die weiterhin an das Klischee zu glauben scheint, sich einfach dazu *durchringt*, trotzdem gegen den eigenen Glauben, für die Familie, zu leben. Mitchell scheint als Erwachsener immer noch damit zu hadern, wie *schwul* er und sein Mann manchmal sind. Er steht oft verständnislos und sarkastisch in der Ecke, während sein Mann Cam beispielsweise als Rum Tum Tugger aus *Cats* verkleidet einen Song singen möchte.

So platt diese Rollenaufteilung zwischen Cam und Mitchell ist, so rührend nebenher zeigt sie ein ständiges Zwischen-den-Stühlen-Stehen, das jedes Leben von einem Menschen, der nicht radikal heterosexuell ist, durchzieht. Cam hat den Prozess der Selbstakzeptanz entgegen gesellschaftlicher und familiärer Erwartungen schon hinter sich gebracht, Mitchell durchläuft ihn, verheiratet, mit einem Kind, immer noch.

In einer Folge sitzen Mitchell und sein Neffe Manny bei einem Camping-Trip am Lagerfeuer. Manny ist unglücklich, weil er in der Schule wenige Freunde hat und als zu seltsam abgestempelt wird. Mitchell setzt sich neben ihn und erklärt ihm, wie er in der Schule damals auch seltsam genannt wurde: »Ich war seltsam. Lustig seltsam. Das ist das Komische daran, erwachsen zu werden. Jahrelang haben alle panische Angst davor, auch nur irgendwie anders als andere zu sein. Und dann plötzlich, fast über Nacht, wollen alle anders als andere sein. Und das ist der Moment, in dem wir gewinnen.«

Jedes Mal, wenn ich einen unglücklichen Teenager sehe, der unter irgendeinem Makel oder einem Missstand im eigenen Leben zu leiden scheint, muss ich all meinen Zynismus unterdrücken, um ihm nicht zu gratulieren, die wichtigste Voraussetzung zum späteren Leben als spannender Erwachsener erfüllt zu haben. Ich weiß, dass das in diesem Moment nicht hilft. Ich hätte damals vermutlich zehn spätere Lebensjahre dagegen eingetauscht, in meiner Jugend als makellos unbescholtene junge Frau durchs Leben zu gehen.

Tatsächlich lege ich heute in erster Linie Wert darauf, seltsam zu sein. Jedes Mal, wenn ich mich aus Reflex wieder in einer der unzähligen Frauenfantasien verliere, die uns präsentiert wird als die neue Antwort auf all die Makel, die wir angeblich gar nicht haben dürfen, besinne ich mich auf die Superkraft, die mich durch meine Zwanziger gebracht hat, hinein in ein Leben, das so aussieht, dass mein vierzehnjähriges Ich nur ungläubig davorstehen würde. Seltsamkeit war immer schon meine Superkraft. Heute lehne ich mich in sie hinein, immer dann, wenn ich etwas verloren vor der Frage stehe, was für ein Mensch ich bin. Ich ziehe das eigenartigere Outfit an, ich mache noch dreimal denselben Witz, wenn er beim ersten Mal schon nicht funktioniert hat. Ich mache all die Sachen, von denen ich glaube, dass ich sie als Kind an mir mochte, bis ich darauf hingewiesen wurde, dass sie von der Idee, wie man zu sein hat, kolossal abweichen.

Ich bin impulsiv und beschimpfe meinen Partner, wenn ich bei Mario Kart verliere. Ich weine bitterlich, wenn ich mich schäme, ich habe kein Problem mehr damit, zwei Stunden zu spät zu einer Party zu kommen, wenn ich durchzogen von Neurosen finde, dass sich mein Pony auf der Stirn so komisch kräuselt, dass ich mich selbst davon überzeuge, dass ich *noch mal* duschen muss, um sensorisch meinen eigenen Körper wieder ertragen zu können. Ich tue nicht mehr so, als fände ich meinen Körper jeden Tag gut, ich lüge nicht mehr, wenn ich gefragt werde, wie ich jemanden finde. Wenn ich darauf hingewiesen werde, dass ich zu schnell spreche, rede ich noch ein bisschen schneller. Nichts davon ist wirklich seltsam, es wurde mir nur an irgendeinem Punkt meines Lebens als *seltsam* vermittelt. Ein halbes Dutzend Mal in der Woche probiere ich aus, wie sich irgendeine Verhaltensweise, an die ich mich schemenhaft aus meiner Jugend erinnere, heute an mir als Erwachsene anfühlt. Ich lege diese Eigenschaft dann ab und probiere eine neue an. Ich setze mich selbst als Frau bis heute zusammen aus allem, was ich an irgendeinem Punkt meines Lebens aussortiert habe. Ich vertraue den damaligen Kriterien, nach denen ich entschieden habe, was bleiben darf, heute kein bisschen mehr. Nicht alles steht mir. Manches davon ist irre peinlich. Manchmal wirke ich tatsächlich wie eine Frau, die kokett im Leben herumsteht, um Männer zu beeindrucken. Ich versuche, es nicht mehr zu sein. Es gelingt mir selten wirklich gut. Das ist in Ordnung für mich. Ich bin froh um jede Frau, die versucht, seltsam zu sein, und dabei versehentlich zu doll in irgendetwas wird.

*

Die erste Hälfte meiner Zwanziger war durchzogen von der ständigen Panik, schwanger zu sein. Diese Panik war irrational und hatte sehr, wirklich *sehr* wenig zu tun mit verantwortungslosem und ungeschütztem Sex und sehr, sehr viel mit meinen persönlichen Neurosen. Einmal fuhr ich montags morgens mit dem Fahrrad aus der Wohnung meines damaligen Freundes und trotz der Pille, die ich nahm, hatte ich so ein *Gefühl*, dass es besser sein könnte, vor der Uni in die Apotheke zu fahren und mir eine Pille danach zu besorgen. Das war die Zeit, in der die Pille danach mit der furchtbaren Wortschöpfung »Hormoncocktail« umschrieben wurde, aber die Tatsache, dass ich den Hormonhaushalt meines Körpers für vermutlich Monate durcheinanderbrachte, erschien mir deutlich besser, als auch nur einen Vormittag im Hörsaal zu sitzen und mit heimlichen Bewegungen hinter meinem Laptop meine Brüste abzutasten, um herauszufinden, ob sie schon empfindlicher geworden waren. Ich hatte auch damals ein grundsätzliches Verständnis der weiblichen Empfängnis und wusste, dass man nicht einen Tag, nachdem sich eine befruchtete Eizelle in einem eingenistet hat, schon druckempfindliche Brüste oder Morgenübelkeit haben werde. Aber wir reden hier von einer Zweiundzwanzigjährigen, die an einem willkürlichen Montagmorgen dachte, sie bräuchte die »Pille danach«.

Ich hatte dabei vor allem Angst vor zwei Dingen: davor, dass ich dicker werde, und davor, dass es ein Mädchen wird. Die erste Angst war eng verbunden mit dem, was ich ein *Überbleibsel* meiner diversen Körper- und Essstörungen nennen würde. Heute, mit wieder ein paar Jahren Abstand, kann ich ganz entspannt sagen, dass die vermeintlichen Überbleibsel weiterhin in voller Ausprägung vorhanden waren, ich mittlerweile einfach besser darin geworden war, das vor mir und vor anderen zu verstecken. Ich empfand mein Aussehen eigentlich meine ganze Jugend bis hin in meine frühen Zwanziger als letzte akzeptable Eskalationsstufe, ich ertrug mich, weil ich dachte, dass es *so*, wie es gerade war, gerade so noch in Ordnung war, aber schlimmer dürfe es eben nicht werden: mein Körper nicht dicker, meine Haut nicht unreiner, meine Frisur nicht schlechter. Wenn ich es schaffen würde, genau so zu bleiben, wäre ich zwar meilenweit von Schönheit entfernt, aber zumindest wäre ich nicht abstoßend. Vor einigen Jahren erst verstand ich, dass das offenbar eine Wahrnehmung war, die mehr Frauen teilten oder in zumindest einer Lebensphase geteilt hatten. Es wurde plötzlich zu einem

Trend in sozialen Netzwerken, Jugendfotos zu posten mit dem Hinweis, dass man sich damals unansehnlich und viel zu dick fand und heute, aus Erwachsenensicht, nicht nachvollziehen könnte, wie man damals auch nur einen Selbstzweifel gehabt haben könnte. Dieser Trend soll rührend sein und irgendwie ermächtigend, ich fand ihn vor allem traurig, weil der Subtext ja auch nur ist: Hätte ich damals gewusst, wie unansehnlich ich später sein würde, hätte ich mich damals nicht beschwert.

Jede Art von Gewichtszunahme oder allgemeine Verschlechterung des Attraktivitätslevels war deswegen fatal, ich verhandelte in meinen Selbstzweifeln nicht etwa die Frage, ob ich einen Makel mehr oder weniger mit meinem Sinn für Perfektionismus vereinbaren könnte, sondern mit der vermeintlichen Gewissheit darüber, dass jeder Makel mehr mich quasi aus der Gruppe der auch nur ansatzweise menschenähnlichen Gestalten ausschließen würde. Der popkulturelle Dauergag, dass Frauen einen Zusammenbruch erleiden, wenn sie in eine Jeans von früher nicht mehr passen, hat also weniger damit zu tun, dass Frauen wirklich denken, ein paar Zentimeter mehr Hüftumfang würde sie tatsächlich zu schlechten Menschen machen, sondern eher damit, dass sie zu dem Zeitpunkt, als die Jeans noch gepasst hat, mit dem Glaubenssatz durch die Gegend gelaufen sind, dass diese Jeans gerade so groß ist, wie sie überhaupt sein darf.

Eine Schwangerschaft war für mich also in erster Linie mit irreparablem Attraktivitätsabfall verbunden.

Meine zweite Angst, die nämlich, dass ich ein Mädchen bekommen würde, war eng mit der ersten Angst verbunden. Ich hatte eine gesunde Ahnung davon, dass ich einem Mädchen wirklich genau gar nichts Anständiges vorleben können würde. Ich fühlte mich, als würde mir ein Stück fehlen. Ein Stück Gewissheit oder eine Art Geheiminformation, die es mir einfacher machen würde, jeden Tag als Frau auf die Straße zu gehen. Ich dachte damals, das Unwohlsein beim Vorbeilaufen an den Männern an der Bushaltestelle oder die Beklemmung beim Termin im Büro dieses einen Dozenten hätte mit meiner eigenen Ahnungslosigkeit zu tun und damit, dass ich eben auch eine einzige Zumutung war – es erschien mir auf irgendeinem Level fast wie eine gerechte Strafe, dass Männer mich schlecht behandelten.

Und ich wusste, dass eine Tochter, die ich dann eben haben würde, genau diese Geheiminformationen, die ich schon nicht hatte, wieder nicht lernen würde. Ich dachte an mich als Mädchen und an mich als Teenagerin und an mich als Frau und ich wusste, dass ich das alles zwar gut aushalten könnte, aber bevor ich nicht mehr wusste über all das, was ich ja mit jeder Skinny Jeans und jeder Hautcreme und jedem One-Night-Stand und jedem Plan B mit mir selbst aushandelte, wollte ich nicht verantwortlich dafür sein, das einem kleinen Mädchen beibringen zu müssen.

Ich glaube, eines der großen unbesprochenen Privilegien, mit dem ein Mädchen aufwachsen kann, ist, von Frauen umgeben zu sein, die sich selbst wirklich in Ordnung finden, ohne die großmütterlichen Erzählungen von Ausbildungen, die eigentlich gemacht werden wollten, bevor die erste Schwangerschaft dazwischenkam, ohne Mütter, die nicht an Spiegeln vorbeilaufen können, ohne sich durch die Haare zu fahren oder am Oberteil zu ziehen, begleitet von einer resigniert zu sich selbst geschnaubten Variante des Satzes *Wie sehe ich heute denn schon schon wieder aus.* Mit Frauen, bei denen die Menge an Essen, die sie im Restaurant bestellen oder beim Abendbrot essen, kein Statement ist in irgendeine Richtung, kein Versagen und kein Triumph. Mit Frauen, die andere Frauen anschauen mit einer Gleichgültigkeit oder einer Zufriedenheit, die mehr mit ihnen selbst zu tun hat, als es jemals mit irgendjemand anderem auf der Welt zu tun haben kann. Wenn ich versuche, mir vorzustellen, dass all die Momente der Unruhe, die ich bis in meine Zwanziger hatte, auch Momente der Ruhe hätten sein können, übersteigt es meine Vorstellungskraft, mir auszudenken, was ich mit all der gewonnenen Zeit und Energie hätte anfangen können. Wenn ich aufrichtig überlege, wie viele Frauen ich kenne, die mit zufriedenen Frauen groß geworden sind oder es geschafft haben, im Erwachsenenalter selbst zufriedene Frauen geworden zu sein, fallen mir so wenige ein, dass es mir erscheint, als sei die bloße Forderung nach einem Leben, in dem man sich einigermaßen ausgeglichen fühlt, ein radikaler Akt.

Irgendwann im letzten Jahr erfuhr ich dann davon, dass man sich die Augenringe unterspritzen lassen kann. Das war für mich eine dieser Informationen, die man mit einem reflexhaften Schauer entgegennimmt, weil man sich automatisch die dazugehörigen Schmerzen vorstellt. Ich habe einen Hang dazu, tatsächliche Konsequenzen, die mein Körper erleiden müsste, zu unterschätzen. Jedes Mal, wenn ich einen Termin bei meiner Tätowiererin mache, liege ich im Moment, in dem ich das erste Mal gestochen werde, fasziniert auf der Liege und merke, dass ich *vergessen* hatte, darüber nachzudenken, dass das ja vermutlich ehrlich wehtun wird. Aber selbst mir kam der Gedanke, mir mehrmals mit einer feinen Nadel wenige Zentimeter unter meinem Augapfel unter die ersten Hautschichten stechen zu lassen, zweifelhaft vor. Und natürlich hielt mich das nicht davon ab, über die kommenden Wochen hinweg dennoch eine in Wellen wiederkehrende Faszination für diese Idee zu entwickeln, ich war nämlich mein Leben lang schon unglücklich mit meinen Augenringen. Die Tatsache, dass ich sie bereits als Kind nicht an mir mochte, war für mich ohnehin der einzige nötige Beweis, dass es sich äußerlich hierbei tatsächlich um einen echten Makel handelte. Ich hatte mir diese Unzufriedenheit nicht erst im Teenager-Alter antrainiert oder einreden lassen, nein, sie war offenbar in meinem Erbgut enthalten. Ich glaube, jede Art von Schönheitseingriff muss über einen längeren Zeitraum in verschiedenen Phasen ins Hirn und das eigene Privatleben eingearbeitet und damit möglich gemacht werden. Zuerst einmal muss man sich selbst an den Gedanken gewöhnen, dass man diesen Weg, den eigenen äußerlichen Selbstzweifeln nicht mit Akzeptanz, sondern

Aggression entgegenzutreten, wählt. Dann muss man sein Umfeld daran gewöhnen, und auch das geht nicht in einem Gespräch *(»Ich muss dir was sagen, ich glaube, ich möchte Botox im Gesicht haben«)*, sondern muss über viele Gespräche gestreut werden, möglichst beiläufig und gleichgültig, denn sonst entsteht ja der Eindruck, als würde man über diesen ästhetischen Eingriff, über den man seit Wochen intensiv nachdenkt, wirklich intensiv nachdenken. Stattdessen muss man mit einer gewissen Lässigkeit bei den Personen im Privatleben, denen man grundsätzlich von so einem Eingriff erzählen wollen würde, das Thema in kleinen, beiläufigen Momenten aufbringen und anschließend betont desinteressiert auch wieder zugunsten eines anderen Gesprächsthemas (das Spätwerk René Descartes', der europäische Finanzausgleich, die Nachteile des amerikanischen Präsidialsystems) fallen lassen. Das alles tut man eigentlich in erster Linie, um früher oder später selbst eine entspannte Haltung zu dem Thema zu gewinnen, die man sich selbst abnimmt. Irgendwann nämlich, wenn man in einem Gespräch nicht mehr die jahrelangen Leiden des vermeintlichen Makels, den man sich wegspritzen lassen möchte, aufzählt, sondern einfach schulterzuckend sagt: *»Keine Ahnung, ich hab da einfach Bock drauf.«* DAS ist der Moment, auf den man hinarbeitet. Das ist auch der Moment, in dem endgültig entschieden ist, dass man definitiv Geld dafür ausgeben wird, sich ominöse Substanzen, die sich Gerüchten (und medizinischen Studien) nach zu urteilen an seltsamen Orten im Körper einlagern könnten, unter die Haut bringen zu lassen. Viele dieser Vorhaben scheitern aber auch in genau der Phase: Wenn man versucht, der Umwelt dieses Vorhaben als gute Idee zu verkaufen und es sich währenddessen auch selbst zu glauben. Als ich mich mit der Idee anfreundete, mir die Augenringe unterspritzen zu lassen, stand ich plötzlich ganze Stunden in der Woche vor dem Spiegel und starrte meine Augen an. Ich studierte das erste Mal genau die Knochenstruktur meines Gesichtes, die genaue Färbung des Blaus unter meinen Augen. Ich schaute mir Fotos an, die jemand anderes von mir gemacht hatte, und glaubte, herausgefunden zu haben, dass die Augenringe schon seit Jahrzehnten der bisher unidentifizierte Ort meiner Unzufriedenheit mit meinem Aussehen waren. Ich hatte das Gefühl, allein die Idee, einen doch eher simplen Eingriff vorzunehmen, hatte mir einen bisher verborgenen Blick auf mein Äußeres erlaubt. Einen, der nicht abwertend war, sondern eher nüchtern feststellend. Ich schaute mich nicht an mit dem Ziel, mich für mein Äußeres zu schämen oder irgendwelche antrainierten Selbstbewusstseinshäufchen in meinen Tag zu schleppen, stattdessen sah ich mich selbst an, wie jemand, der seinen eigenen Selbstwert nicht an mein Äußeres geknüpft hatte. Ich glaube, das ist so ziemlich der ganze Zauber von Schönheitseingriffen. Die Phase davor. Das Sichanschauen und Über-sich-Nachdenken, ausnahmsweise ohne Hass und Ekel.

Als ich also die erste Phase des Starrens hinter mich gebracht hatte, ging ich in die Phase über, in der ich das Thema *Augenringe* vermeintlich beiläufig bei Freundinnen ins Gespräch brachte. Ich spielte natürlich herunter, wie intensiv ich mich seit Wochen damit beschäftigte, immerhin ist die offene und gemeinsam betriebene Lüge der meisten Frauen, dass wir nicht einmal vor uns selbst und unseren engsten Freundinnen zugeben wollen, wie erbärmlich viel Zeit in der Woche wir uns mit unserem Aussehen und vor allem dem Versuch der Optimierung unseres Aussehens beschäftigen, mit der Online-Recherche nach *geeigneten* Bauchweg-Slips und dem Googeln von Hollywood-Frauen, weil sie genau diesen einen Haarton haben, den wir eigentlich auch wollen, weil wir glauben, dass wir dann endlich so aussehen, wie wir aussehen wollen, nämlich: anders als wir aussehen. Ich bringe das Thema Augenringe also beiläufig unter, ich sei darüber gestolpert, mir wurde das Thema im Grunde aufgezwungen, niemals hätte ich danach absichtlich gesucht und so weiter. Ich präsentierte brav unbeeindruckt meine Argumente, wieso es bei *mir* im Gegensatz zu den meisten anderen halt wirklich nötig wäre, diesen für alle offensichtlichen Makel zu entfernen (»Ich habe das, seit ich ein Kind war, und noch nie hat es mir gefallen! Es passt nicht in mein Gesicht! Bei anderen gefällt es mir, aber bei mir eben nicht!«), und stellte im Gespräch mit ausnahmslos jeder meiner Freundinnen fest, dass ausnahmslos jede meiner Freundinnen Augenringe hat. Das hat sicher zum einen mit dem anstrengenden Leben im 21. Jahrhundert zu tun, zum anderen damit, dass einem auf Anhieb wirklich erstaunlich wenige Menschen einfallen, die wirklich *gar* keine Augenringe haben. Während ich also erzählte, wieso ich mir diese Sache, die ich als ästhetischen Makel empfand, bei mir entfernen lassen wollte, sah ich mich mit der Frage konfrontiert, wieso dieser Makel bei meinen Freundinnen nicht entfernt werden sollte. Oder führte ich dieses Gespräch etwa, um uns allen gemeinsam einen Familienausflug zum Botox-Arzt vorzuschlagen? Die Wahrheit war, dass mir die Augenringe bei meinen Mitmenschen bisher nie aufgefallen waren, und auch, nachdem ich im Gespräch auf sie hingewiesen wurde, verstand ich nicht, wieso irgendeine meiner Freundinnen sich ihre Augenringe wegspritzen lassen wollte. Mir war dennoch klar, wieso meine Augenringe wegmüssten, auch wenn sie nicht unbedingt dunkler/tiefer/schlimmer waren als die, mit denen sie mich in dem Gespräch ungläubig-vorwurfsvoll anstarrten. Meine waren halt *schlimmer*, auch wenn sie nicht schlimmer waren. Mein Aussehen ist im Gegensatz zu dem Aussehen der meisten anderen Frauen eben *wirklich* verurteilungswürdig, ich sehe halt *tatsächlich* scheiße aus, im Gegensatz zu diesen anderen, wundervollen Frauen, die es wagen, exakt die gleichen Selbstzweifel zu haben wie ich.

Ich glaube, dass Frauen von einer ganzen Industrie, die mit ihren Selbstzweifeln Geld verdient, eingeredet bekommen hat, dass sie anders als andere Frauen sind, damit sie glauben, dass sie ihr eigenes Aussehen hassen können, ohne gleichzeitig das Aussehen ihrer Freundinnen, Schwestern und Mütter hassen zu müssen. Irgendwann, vielleicht in den Neunzigern oder den Nullerjahren, bekam die Gesellschaft langsam aber sicher ein vages Verständnis für die Lächerlichkeit, die dem weiblichen Schönheitswahn innewohnt. Statt aber den Wahn abzuschaffen, wurde er gerebrandet. Nicht mehr jede Frau ist grundsätzlich optimierungswürdig, manche Frauen haben einfach *Problemzonen*. Und Probleme können (und müssen) gelöst werden. Man musste sich nicht mehr dafür schämen, dass man zu dick/hässlich/unförmig war, wohl aber musste man sich dafür schämen, dass man sich für sein Aussehen schämt. Vor allem aber passierte der vielleicht lohnenswerteste Tausch, den eine Industrie jemals machen konnte. Statt seiner Kundschaft einzureden, dass sie ihre Produkte brauchte, ließ sie die Kundschaft selbst entscheiden, ob sie ihre Produkte brauchte. Und die meisten Frauen scheinen sich sicher zu sein, dass *sie* das wirklich brauchten, im Gegensatz zu anderen Frauen. Würden Frauen bei jeder Creme, jedem Eingriff, beim Kauf jeder *verschlankenden Formunterwäsche* der Tatsache ins Auge sehen, dass es nicht möglich ist, die Makel an sich selbst entfernen zu wollen, ohne zumindest auch unterschwellig zu sagen, dass die Makel anderer Frauen auch entfernt werden müssten, würde es mehr wehtun, die ewige Jugend hochzuhalten. Nur, weil ich mich in Spanx zwänge, sobald ich ein enges Kleid trage (eine Sache, die ich regelmäßig tue), heißt das natürlich nicht unbedingt, dass ich jede andere Frau aktiv streng verurteile, die es nicht tut. Es heißt aber mindestens, dass ich es an ihrer Stelle schon tun würde.

Der Kern des Problems ist vielleicht nicht ein verklemmt-giftiger Seitenblick, den man anderen Frauen zuwirft, auch wenn man das nicht möchte. Der Kern des Problems ist, dass die Einzigartigkeit, die man sich einreden lässt, die Einzigartigkeit der eigenen Augenringe und Bauchfalten, die Einzigartigkeit davon, wie die eigenen Brüste hängen und wie viel zu klein die eigenen Lippen sind, eine Lüge ist. Wir sind genau wie andere Frauen. Meine Augenringe sind nicht anders als andere Augenringe. Meine sind nicht aufregender, außergewöhnlicher oder verurteilungswürdiger.

Ich würde es aus pädagogischen Gründen gerne abschreckender darstellen, aber es ist nahezu nicht schmerzhaft, sich die Augenringe unterspritzen zu lassen. Filler um den Mund sind deutlich unangenehmer, am schlimmsten sind sie meiner Meinung nach direkt in die Lippen. Und keine dieser Nadeln ist auch nur ansatzweise so schmerzhaft wie eine Microneedling-Behandlung, bei der viele kleine Nadeln in die zweite und dritte Hautschicht gesteckt werden, um die Collagen-Produktion anzuregen. In der Regel wird die Behandlung unter dem Einsatz von Lachgas durchgeführt, das die Patientinnen selbst dosieren dürfen. Als ich aus der Praxis meiner Ärztin ging, mit dem flüssigen Hyaluron unter der Haut, da, wo noch vor einer halben Stunde dunkle Schatten waren, war ich genauso glücklich, wie man nach so einem Eingriff sein sollte. Ich war selbstbewusst und zufrieden und fest davon überzeugt, dass ich besser aussah als davor. Ich wusste, dass das eine der vielen kleinen, eher unspektakulären Behandlungen war, auf die selbst enge Freunde nicht kamen, wenn man sie direkt danach fragte, was am eigenen Gesicht denn nun anders aussehe. Es war vor allem eine dieser Behandlungen, deren Einfluss auf das Gesicht so vage und subtil ist, dass sie auf den Berg von vagen und subtilen Behandlungen kommt, die man einzeln für sich genommen nicht wirklich bemerkt, bis man sein Gesicht von vor drei Jahren sieht und merkt, dass man anders aussieht als damals. Irgendwie jünger. Irgendwie aber auch *reicher*.

Ich habe Angst davor, besonders vorteilhafte Fotos von mir zu posten. Ich schäme mich für Magazincover, auf denen ich drauf bin. Ich schäme mich ganz insgesamt für Fotos, für die ich geschminkt und angezogen wurde und die ich im Nachhinein freigeben durfte, weil in mir die ständige Angst lebt, dass Leute mich im echten Leben sehen und dann schockiert sind, wie ich wirklich aussehe. Vor einiger Zeit, als ich anfing, auf Instagram mehr über Mode zu sprechen und mehr Fotos von mir in Outfits zu posten, sagte ein enger Freund von mir, dass er überrascht davon sei, dass ich oft Fotos posten würde, auf denen ich schlechter aussehe als im echten Leben. Ich wiederum halte meinen Instagram-Account meistens für einen großen Betrug. Ich poste zwar schon Fotos, auf denen ich glaube, so auszusehen, wie ich aussehe. Aber am Ende des Tages bin ich die Person, die am wenigsten weiß, wie ich wirklich aussehe.

Der Begriff *bodyshaming* hat sich eher zufällig etabliert, der Journalist Philip Ellis, der Texte über Popkultur für die Vogue und GQ schreibt, gilt als Erster, der den Begriff in einem Artikel benutzt hat. Daraufhin verbreitete er sich über die neue *bodypositivity*-Kultur auf Instagram, die weniger mit den eigentlich politischen Anfängen der Bewegung zu tun hatte, sondern eher mit *selfcare* und gefühligen Bauchspeck-Selfies von weißen Frauen, und ist heute ein Sammelbegriff für nahezu alles Negative, was vor allem in sozialen Netzwerken über die Körper von meist prominenten Menschen gesagt wird. Die Bewegung, die sich gegen *bodyshaming* stellt, will inklusiv und gerecht sein, schützt den Begriff genau deswegen eher weniger als mehr. Je mehr über *bodyshaming* gesprochen wird, desto besser, scheint es. Aber die fehlende Abgrenzung vom Begriff sorgt auch dafür, dass nicht unterschieden wird, ob Kendall Jenner dafür gebodyshamt wird, dass sie zu dünn ist, oder Lizzo dafür, dass sie das exakt gleiche Red-Carpet-Outfit trägt wie Rihanna, nur, dass es an ihrem dicken Körper keine *high fashion* sein kann, sondern natürlich irgendwie als obszön und vor allem unästhetisch gilt. Jason Momoa, der in den ersten Staffeln *Game of Thrones* eine kleinere Hauptrolle hatte, wird in Headlines in Onlinemedien genauso gebodyshamt (er ist wohl nicht mehr so in Form) wie Billie Eilish, als sie das erste Mal von Paparazzi in einem Tanktop fotografiert wurde, statt wie sonst in ihren übergroßen T-Shirts.

Das Interessante am Begriff *bodyshaming* ist der *shaming*-Teil, er lässt sich wohl als *bloßstellen* übersetzen, verliert dabei jedoch den Kern seiner Richtigkeit. Menschen werden wegen ihres Körpers *beschämt*. Scham ist etwas, das man empfindet für eine Sache, die man *ist*, auch wenn gerade die miesesten Wellen von *bodyshaming* sich als konstruktive, liebevolle Kritik ausgeben. Wildfremde in Youtube-Kommentarspalten sorgen sich da auf einmal um die Gesundheit eines Promis, über die sie nichts wissen, außer, dass dessen Körper ihnen in einem TV-Interview nicht gefallen hat, oder sie scheinen zu wissen, dass Personen sich *so* ja gar nicht wohlfühlen *könnten* oder dass die Art und Weise, wie ein Körper aussieht, automatisch nahezu jede Information über die psychische Verfassung einer Person verrät. Es geht bei *bodyshaming* wie bei jeder Art von *shaming* darum, einen Menschen für sein Dasein zu kritisieren. Anders funktioniert Scham nicht. Ich schäme mich für das, was ich bin. Alles andere ist mir höchstens peinlich.

Das hat etwas seltsam Kathartisches, zu einer routinierten Botox-Ärztin zu gehen, sich das Portfolio an möglichen Behandlungen anzuschauen und sich dann in einem Beratungsgespräch versichern zu lassen, dass all diese Behandlungen jeden Tag und ständig durchgeführt werden. Es macht die eigenen Selbstzweifel irrelevanter. Man schaut sich die anderen Frauen in den Wartezimmern an und denkt nicht selten *wirklich, die AUCH?*, und je öfter man das denkt, desto banaler kommen einem die eigenen Selbstzweifel vor. Ich hatte noch nie größere Angst davor, dass Leute etwas Falsches über mich denken, weil ich mir Dinge unter die Haut spritzen lasse. Es war eher für mein Umfeld eine Reise. Bei Männern führte sie von Amüsement über die offen formulierte Sorge, es nicht zu übertreiben, bis hin zu aggressiver Gleichgültigkeit. Bei Frauen begann selbige ausnahmslos mit Skepsis und endete mit der Frage nach dem Kontakt zu meiner Schönheitsärztin. Solche Praxen sind einer dieser Orte, wo man dafür bezahlt, bewiesen zu bekommen, dass man genau ist wie andere Frauen.

Ich hätte heute keine Angst mehr davor, eine Tochter zu bekommen. Das hat weniger mit Lebenserfahrung zu tun und mehr mit allem, was ich mir jemals von Ärztinnen unter die Haut spritzen oder habe absaugen lassen. Ich weiß nicht, ob ich heute schöner bin als vor zehn Jahren, ich schaue mir Bilder von damals an und habe kein Gefühl zu meinem Äußeren, so als würde ich versuchen, mir eine unterdrückte Kindheitserinnerung ins Gedächtnis zu rufen. Ich sah damals jünger aus, schmaler, bleicher, ich habe schlechteres Shampoo benutzt und hatte unreinere Haut, man sieht mir heute meine täglich verfügbaren Ressourcen an allen Fronten an. Ich habe heute keine Angst mehr davor, eine Tochter zu bekommen, weil ich heute sehr zufrieden damit bin, wie ich aussehe. Ich finde mich nicht perfekt und ich finde mich nicht atemberaubend schön, aber ich kann anders als früher und anders als viele andere Frauen eine ganze Reihe von Dingen aufzählen, die ich an mir wirklich mag. Die Dinge, die ich nicht mag, finde ich wenigstens lustig. Ich hätte keine Angst mehr davor, eine Tochter großzuziehen, weil ich nicht mehr reflexhaft unzufrieden vor Spiegeln stehen bleibe und streng meine eigenen Makel taxiere, weil ich die Art und Weise, wie ich aussehe, nicht als letztmögliche Zumutung ansehe, fast so, als wäre meine Umwelt zu Beginn meiner Pubertät mit mir in eine Verhandlung über meine Daseinsberechtigung getreten, in der sie direkt mit dem allerletzten Angebot eingestiegen wäre. Ich glaube nicht, dass die Art und Weise, wie ich jetzt aussehe, die gerade noch für alle erträgliche Variante von mir ist. Ich habe es lange geglaubt. Und ich weiß, dass viele Frauen es bis heute glauben.

Ich glaube, zufriedene Frauen sind gefährlicher als alle anderen. Sie führen andere Beziehungen, sie haben höhere Ansprüche, sie machen keine Diäten. Zufriedene Frauen haben sich aus jedem Kontext gerissen, in den sie künstlich und ohne ihr Zutun gesetzt wurden – sie finden den Gedanken absurd, in Relation zu anderen Menschen, vor allem in Relation zu Männern zu existieren. Sie sind lieber allein als unglücklich mit jemand anderem. Ich glaube, in Zufriedenheit liegt eine feministische Sprengkraft, die keine andere Gefühlsregung zulässt.

Wenn eine Frau sagt, sie hat viel Geld für die Art und Weise ausgegeben, wie sie aussieht, denkt man an radikale Operationen, an Narben, an Mieder, an Vollnarkosen und Aufenthalte in Schweizer Kliniken. Ich habe viel Geld für die Art und Weise ausgegeben, wie ich aussehe, und ich meine damit vor allem: Haarfarben und Augencremes und Rosenquarz-Steine, mit denen man sich morgens das Gesicht massiert, um eine definierte Kieferlinie zu haben), die mindestens alle zwei

Monate ins Waschbecken fallen und dann in tausend Stücke zerschellen. Ich rede von Farbe für die Wimpern und Lacke für die Nägel, von dauerhaften Haarentfernungen und Gesichtsbehandlungen zur Minimierung von Rötungen, ich spreche von Fillern und Liftings, ich rede von allem, was auf den Moment folgt, wenn man das Foto einer Hollywood-Schauspielerin sieht und erkennt, dass sie besser aussieht als noch vor ein paar Monaten. Ich habe viel Geld dafür ausgegeben, so auszusehen, wie ich heute aussehe, und ich wäre heute nicht so zufrieden, wie ich es bin, wenn ich es nicht getan hätte. Die Zufriedenheit, die ich heute an eine Tochter weitergeben könnte, hat zumindest zu Teilen mit meinem Einkommen zu tun. Es gibt immer diese rührenden Momente, in denen jungen Frauen geraten wird, *auf den ganzen Kram* zu verzichten und einfach zu erkennen, dass sie schön sind. Das ist in etwa so hilfreich, wie einem klinisch Depressiven zu sagen, er solle einfach mal wieder an die frische Luft gehen. Es gibt ein theoretisches Konstrukt, den von Wunschdenken durchzogenen Nachbau der echten Welt, in der es klappen könnte, dass Frauen *all das* lassen, so sehr, dass sie vergessen, dass die Frage, wie einfach und glücklich ihr Alltag verläuft, unendlich viel damit zu tun hat, als wie sexuell verwertbar Männer sie einschätzen. Es geht hier nicht um Romantik. Es geht darum, wie höflich man von einem Kellner bedient wird. Ob Männer einem bei Unterhaltungen ins Gesicht schauen. Ob man mit einem abgelaufenen Ticket in der Fahrgastkontrolle durchkommt oder ob man 60 Euro bezahlen muss. Ob

Passanten einem mit dem Tragen eines Kinderwagens helfen, wenn der Aufzug ausfällt.

Wenn ich sage, dass ich früher hässlich war, dann weiß ich, dass es das im Kern nicht trifft, ich sage es, um meine Freunde zu ärgern, die dann natürlich vehement widersprechen wollen. Ich war nicht direkt hässlich, ich war nur für Männer, die ich im Alltag treffen musste, in der Regel nicht sexuell verwertbar genug, um mich mit Anstand zu behandeln. Ich sehe heute gar nicht unbedingt besser aus als damals, ich sehe etwas gewöhnlicher aus, etwas harmloser, etwas belangloser. Aber ich werde eben auch besser behandelt. Ich kann mich aus Ticketkontrollen flirten. Wenn ich das möchte, muss ich an keinem Flughafen der Welt meinen Koffer eine Treppe hochtragen. Männer unterhalten sich länger als nötig mit mir. Das resultiert aus einem Konglomerat von allem, was mir in den vergangenen zehn Jahren so passiert ist, es hat aber eben auch damit zu tun, wie meine Haare glänzen, wie rein meine Haut ist, wie voll meine Lippen und wie groß meine Brüste.

Ich weiß nicht, ob es besonders zynisch oder besonders naiv ist, aber eine dieser beiden Sachen muss es sicher sein, aber ich denke, dass wir die Schönheitschirurgie für Frauen ohnehin nur noch eine, maximal zwei Generationen brauchen werden, wenn wir es richtig anstellen. Wenn man all diese Eingriffe nur betrachtet als eine Möglichkeit, einen Zustand von Zufriedenheit zu erreichen, zum Beispiel, um den Frauen im eigenen Leben mit gutem Beispiel voranzugehen, wird es irgendwann keine Mädchen mehr geben, die Frauen werden, die glauben, etwas an ihrem Körper verändern zu müssen. Ich bin immer wieder ganz erstaunt, wenn die schlausten Frauen so tun, als würde all der weibliche Selbsthass tatsächlich von der Entertainment- und Filmbranche erfunden und dann perfektioniert worden sein, so, als hätte es nicht bereits in den Vierzigern Produkte für Hausfrauen gegeben, um ihr Aussehen möglichst nah an den gerade existierenden Schönheitsstandard anzugleichen. Ich glaube, diese kollektive Erzählung von *den Standards* und *dem Druck auf Social Media* ist eine, die sich verfestigt hat, weil es so wahnsinnig bequem ist, auf eine vage Idee von Druck zu verweisen, statt sich zu fragen, was die Frauen, mit denen man groß geworden ist, und die Frau, die man selbst geworden ist, mit den eigenen Schönheitsidealen zu tun hatten. Ja, unsere Mütter waren auch nur die Kinder ihrer Mütter. Aber manche Frauen, die heute eben erwachsen geworden sind mit Kylie Jenner und Drive-by-Botox-Terminen, werden auch Mütter. Irgendeine Generation muss also anfangen, es besser zu machen.

Wenige Monate, nachdem ich mir die Augenringe habe unterspritzen lassen, habe ich Kinderfotos von mir durchgesucht. Ich hatte kurz die Idee, ein Kinderfoto müsste auf das Cover dieses Buches. Als ich die Fotos von mir als Teenagerin durchgesehen hatte, sah ich mich plötzlich selbst als Sechsjährige auf einem Foto. Es gibt da dieses Bild von mir, wie ich mit breitem Grinsen am Computer meiner Eltern sitze, mein Pony hängt mir in Strähnen in die Stirn, mein Gesicht ist rund und ich habe diese Augenringe, die ich eben immer schon hatte. Ich starrte mehrere Minuten lang das Foto an und zum ersten Mal in meinem Leben dachte ich, dass ich ein entzückendes, ein niedliches Mädchen war. Plötzlich liebte ich mein rundes Gesicht und ich liebte meine Augenringe. Das war auch der Moment, in dem ich verstand, dass ich vermutlich mein ganzes Leben meinem eigenen Urteil nicht trauen können würde. Ich hatte es für den endgültigen Beweis dafür gehalten, dass ich meine Augenringe mühelos wegspritzen können würde, immerhin hatte ich ja schon als Kind darunter gelitten. Zumindest dachte ich das. In diesem Moment, dieses Foto anstarrend, realisierte ich, dass ich nahezu gar nichts über mich wusste oder darüber, wann ich aus welchen Gründen angefangen hatte, Dinge an meinem Äußeren nicht zu mögen. Ich hatte nichts gegen die Augenringe, ich hatte etwas gegen mich. Plötzlich wurde mir klar, wie absurd es war, zu behaupten, dass ich als Kind schon Probleme mit irgendeinem äußerlichen Merkmal an mir gehabt hätte. Ich hatte als Kind ganz sicher überhaupt kein Verhältnis zu der Haut unter meinen Augen. Ich hatte schlicht spätestens als Teenager angefangen zu glauben, dass ich ein furchtbares Kind war. Ich legte das Foto zur Seite und googelte, wie lange es wohl dauern würde, bis sich das Hyaluron, das mir meine Ärztin unter die Augenringe gespritzt hatte, wieder abgebaut hätte. Ich fühlte weder Scham noch Peinlichkeit, ich war nur euphorisch und ernüchtert gleichzeitig, weil ich etwas über mich gelernt hatte, von dem ich zunächst nicht wusste, wie ich es in das eigene Selbstbild hämmern sollte. Ich hatte genau den Fehler gemacht, den die wütenden Männer und die besorgten Feministinnen über 60 immer mahnend in den Raum stellten. Ich hatte nicht versucht, besser auszusehen, sondern einfach weniger wie ich selbst. Ich möchte eine bessere Frau sein als die, die ich unbedingt sein muss. Und ich bin mit 29 Jahren sicher noch nicht an dem Punkt meines Lebens, an dem ich in Reue auf mein Großwerden blicke und nachträglich neue Regeln aufstelle, nach denen ich lieber hätte leben sollen. Ich bin heute zufriedener, mein Leben ist einfacher, weil ich anders aussehe als noch vor ein paar Jahren. Aber würde ich heute noch mal entscheiden können, ob ich anfange, Geld auszugeben für Schönheitseingriffe, für Spritzen und Behandlungen und vor allem für diese Rosenquarz-Steine, die man ständig versehentlich kaputt macht, mit dem Wissen von heute würde ich das ganze Geld in Therapie investieren und mir selbst erst dann erlauben, etwas an meinem Aussehen zu verändern, wenn ich mit der Überzeugung, die nahezu jeder Mensch, vor allem jede Frau, verdient hat, sagen kann, dass ich ein ganz bezauberndes Kind war, an dem wirklich rein gar nichts falsch war. Dann, erst dann, kann man vermutlich auch nur ansatzweise verlässlich einschätzen, was am eigenen Aussehen anders sein müsste, um zufriedener zu sein.

Ich wäre gerne eine Frau geworden, die ohne jede Hilfe selbstbewusst ist. Genauso wäre ich aber gerne ohne psychische Krankheiten und Traumata groß geworden. Es ist halt anders gekommen. Und irgendein seltsamer Ort, der entweder besonders zynisch oder eben besonders naiv ist, aber eins von beidem ist er ganz sicher, glaubt, dass ich heute mehr von dem über mich denke und fühle, was ich verdient habe.

*

Früher war ich stolz darauf, angeblich eine *alte Seele* zu sein, ich wusste damals noch nicht, dass das einfach nur bedeutet, dass man die Erwachsenen um sich herum weniger nervt, als es einem als Minderjährige zusteht. Später war ich dann *reif für mein Alter*, das ist ein Ausdruck, den man ausschließlich von deutlich älteren Männern hört, die vor sich und der Welt in vorauseilender Halberektion rechtfertigen wollen, wieso sie sich zu einer Frau im Alter der eigenen Tochter hingezogen fühlen. Ich war auch *anders als die anderen Frauen in meinem Alter*, das ist ein Satz, den Dozenten und Lehrer sagen, wenn sie Frauen treffen, die bereits als Teenager genauso klug sind wie sie selbst als Erwachsene. All diese Aussagen sind Variationen davon, dass Erwachsene einen Teil ihrer Verantwortung auf Kinder abwälzen – und es damit rechtfertigen, dass das Kind ja im Grunde gar nicht wirkt wie ein Kind. Im schlimmsten Falle sind sie Variationen von der autoaggressiven Verachtung, die viele

Männer gegenüber jungen Frauen haben – sie begehren sie und nehmen sie gleichzeitig nicht ernst, das alte patriarchale Geilheitsproblem. Diese Autoaggression lässt sich entweder dadurch auflösen, dass man das eigene ambivalente Begehren hinterfragt – oder eben, indem man aus jeder Frau, die man begehrt, eine Ausnahme macht. Eine eben, die zwar scharfe 17 Jahre alt ist, aber schon so *reif* für ihr Alter. *Sie* ist der Fehler im System. Heute muss ich mir die Frage stellen, wie reif ich jemals für mein Alter gewesen sein kann, dass Erwachsene Erwachsenendinge auf mir abladen. Ich wurde angeflirtet wie eine Erwachsene und bloßgestellt wie eine Erwachsene, ich wurde angeschrien wie eine Erwachsene. All das wurde schnell und heftig Teil meiner Identität, vielleicht, weil ich mir selbst ganz schnell genauso intensiv glaubte, wie es offenbar meine Umwelt tat, dass ich eine von diesen (vielen) jungen Frauen war, die es dem Klischee nach ja gar nicht gab. Diese Ausnahmewesen sind schnell und lustig und laut und eigensinnig. Statt sich an den Gedanken zu gewöhnen, dass Frauen all diese Dinge sein können, wurde ich zu einer Ausnahme von vielen. Wahrscheinlich war ich ein wenig erleichtert, auf diese Art, auf die man erleichtert ist, wenn man nach Jahren des körperlichen Leidens endlich eine Diagnose von einem Arzt bekommt. Man kann sich selbst einsortieren in eine Schublade Mensch. Ich war anders als andere Frauen in meinem Alter, lernte ich. Prima.

Man ist als Kind darauf gepolt, Erwachsenen zu vertrauen. Nicht nur den eigenen Eltern, auch den Lehrern und Sporttrainern und Nachbarn und Onkeln. Misstrauen gegenüber Erwachsenen, die man kennt, ist ein unnatürlicher Zustand für ein Kind. Erwachsene sollten das ja eigentlich wissen, allein deswegen scheint es schon absurd, eines dieser Kinder mit einer halbgut durchdachten Ausrede mit all dem Erwachsenenkram zu belasten. Nachdem ich etwa zwei Drittel meines Lebens als angeblich *alte Seele* durch die Gegend gelaufen bin, kann ich sagen: Erwachsene, die so was zu Kindern sagen, sind entweder deutlich dümmer als diese Kinder oder tief in sich drin keine guten Menschen. Ich habe beide Sorten getroffen, zu etwa gleichen Teilen.

Es ist schwierig, zu beschreiben, wie genau man sich anders verhält, in welchen Momenten der Adoleszenz man konkret andere Entscheidungen trifft als andere Menschen, aber das Grundgefühl lässt sich zusammenfassen als ein einziges Warten darauf, dass das eigene Leben irgendwann *wirklich* anfängt. Man glaubt den Erwachsenen um sich herum diese Behauptung, man sei irgendwie anders als andere, so lange, bis man glaubt, sich einen Ort suchen zu müssen, an dem sich all jene befinden, die anders als andere sind.

Ich habe lange überlegt, in welchem Kontext ein Junge das Pseudokompliment zu hören bekommen würde. Mir fallen nur potenziell missbräuchliche ein. Ich kenne unzählige Frauen, die eine Variation davon in ihrer Kindheit oder Jugend gehört haben.

Ich war nicht einen Tag meines Lebens wirklich 18 Jahre alt. Ich war auch niemals 24. Ich weiß nicht, wie es ist, 18 Jahre alt zu sein. Ich weiß, wie es ist, gerade einen Führerschein gemacht zu haben und sich selbst

Entschuldigungen für die Schule schreiben zu können, ich weiß, wie es ist, all die Dinge abzuarbeiten, die formell in jedem Lebensalter ohne eigenes Zutun auf einen zukommen. Allem darüber hinaus bin ich mit betontem Desinteresse aus dem Weg gegangen. Ich bereue nicht eine Haarfarbe, nicht einmal schlechten Sex und nicht einen peinlichen Tweet, den ich geschrieben habe, aber wenn ich daran denke, dass ich einen Großteil meiner Adoleszenz darauf verschwendet habe, Männern, die 5 oder 10 oder 15 oder manchmal 20 Jahre älter waren als ich, als Accessoire für ihre potenzielle Lebenskrise zu dienen, wird mir schlecht. Ich weiß auch nicht, ob die Tatsache, dass sie mich meistens nicht einmal geküsst haben, es besser oder schlechter macht. Die potenzielle Grenzüberschreitung war Teil eines jeden Treffens, und sie lag nicht in meinem Ermessen. Meistens wollten diese Männer mich in ihrer Nähe, um ihre Entourage aufzuwerten, um sich selbst zu beweisen, dass sie genau den Typ Mensch an ihrer Seite hatten, der ihnen am meisten Anerkennung und am wenigsten Respekt zukommen lassen würde: die junge Frau.

Ich kann es kaum erwarten, endlich keine junge Frau mehr zu sein. Ich schaue meiner Umwelt bereits jetzt begeistert dabei zu, wie sie langsam aber sicher all die Eigenschaften an mir umdeutet, die mich mit 14 Jahren in den Augen von geilen volljährigen Männern zu einer *alten Seele* gemacht haben. Ich hatte kein Verständnis für Macht, ich hatte keine Ahnung davon, wer ich bin und was ich brauche, geschweige denn davon, was ich wirklich möchte. Ich brachte aber alles mit, um als Mann der näheren Umwelt beweisen zu können, dass man eben kein perverser Typ mit Tendenz zu Machtmissbrauch ist, denn ich war ja *anders als andere Frauen in meinem Alter*. Ich habe all diese Eigenschaften heute noch, aber ihre Bedeutung in den Augen meiner Umwelt verändert sich langsam aber sicher. Noch bin ich eine *junge Frau*, die radikal unterschätzte und zur Geilheitsübung hochfetischisierte Untergruppe Frau, der man vieles durchgehen lässt, weil man sie noch nicht ernst nimmt. Ich schaue jungen Frauen manchmal fasziniert dabei zu, wie sie behandelt werden, wie sie besänftigt und altväterlich durch den Alltag gepflegt werden, und dann stelle ich zwischendurch erschrocken fest, dass ich auch eine von ihnen bin.

Dass Älterwerden für Männer und Frauen etwas grundsätzlich Unterschiedliches bedeutet, hat ausschließlich damit zu tun, dass junge Frauen die große Lebenslüge, dass es das Größte sei, eine junge Frau zu sein, leichtsinnig glauben. Es gibt nahezu nichts, was dafür spricht, eine junge Frau sein zu wollen. Man wird unterschätzt und unterfordert, man wird missbraucht und man wird nicht ernst genommen. Man kann sich nicht unbehelligt durch die Welt bewegen, weil nämlich die, die die große Erzählung erfunden haben, junge Frauen seien das Größte, sie genauso glauben wie die meisten jungen Frauen selbst. Die junge Frau, also die Frau in der Blüte ihres Lebens, kommt aus der Weltliteratur und der Hochkultur, aus der Kunst, den Akademien. Diese Erzählung kommt ausschließlich von geilen, alten Männern, die eine Frau entjungfern wollten, sobald sie Brüste bekam, weil sie den Versuch, eine Frau als eine vollwertige Partnerin auf Augenhöhe wahrzunehmen, ohnehin als absurd empfanden, gab es für sie keinen Mehrwert, darauf zu warten, dass aus der jungen Frau eine wirklich erwachsene, eigensinnige Frau wird. Jeder Tag, den eine junge Frau ungebumst nach ihrem ersten Eisprung an diesen Männern vorbeilebt, ist in den Augen dieser Männer ein verlorener Tag.

Eine junge Frau zu sein, bedeutet einen ständigen Kampf damit zu führen, sich von den Erwartungen einer Welt, die einen zum legalen Fetisch erklärt hat, frei zu machen.

Wenn also immer und immer wieder diskutiert wird, wieso Männer so viel besser altern als Frauen, wird die naheliegendste Option schlicht und ergreifend ausgelassen: Es stimmt einfach nicht. Ja, George Clooney sieht heute besser aus als mit 25 Jahren. Julia Roberts aber auch. Die Erzählungen über vermeintlich zu schnell verblühte Frauen, die mit spätestens Ende 30 ihren Zenit überschritten haben, ist vor allem dann haltbar, wenn man diese Frauen an dem Pseudoideal einer Achtzehnjährigen misst. Es ist absurd, wie sehr sich der Glaube etabliert hat, Frauen würden ab Mitte 30 abbauen. Ich habe schon ausreichend viele Frauen ab diesem Alter nackt gesehen, um zu sagen, dass das nicht stimmt.

Ich mag es sehr, eine Frau zu sein, darauf, eine junge Frau zu sein, lege ich keinen Wert. Ich will gerne in Bars von Männern ignoriert werden. Ich möchte endlich meine Ruhe. Ich möchte ungern weiterhin ein Fetisch sein. Vor allem aber möchte ich, dass Frauen aufhören, kollektiv diese Unsinns-Erzählung der *Blüte des Lebens* zu glauben. Ich habe es verpasst, wirklich 18 Jahre alt zu sein, weil Männer um mich herum es so toll fanden, dass ich erst und schon 18 Jahre alt bin.

Ich befürchte, ein Teil der Wahrheit ist, dass es für viele Frauen verlockend ist, länger als nötig auf der eigenen Jugendlichkeit rumzureiten. Männliche Anerkennung scheint so etwas wie die Abkürzung zu sein für Selbstwert, oder eben die relativ realistische Illusion davon. Ich weiß nicht, wieso sich im Internet der Ausdruck *pick me girls* etabliert hat, während das ganze Phänomen viel mehr auf Frauen abzielt und von Frauen besprochen wird. Es sind vor allem auch erwachsene Frauen, die sich den anderen Girl-Trends verschrieben haben. Es gab *that girl,* ein Schlagwort für einen Leistungslifestyle am College oder im ersten Job, in dem der ganze Tagesablauf mit *home workouts,* Meditationen und dem Lesen von Selfhelp-Büchern darauf ausgelegt wird, eine möglichst ideale Version Frau zu werden. Es gab außerdem das *clean girl,* das mit perfekten Haaren und durch sehr regelmäßige Maniküre eine Alte-Geld-Ästhetik imitiert. Dann gab es *warm girls,* die sich über ihre Empathiefähigkeit definierten und über die Rolle der Mutter und Kümmerin, die sie in ihrem Freundeskreis erfüllten. Es gab die *feral girls,* die Wert darauf legten, ein wenig verrückt zu sein und sich nicht so sehr um gesellschaftliche Erwartungen zu scheren. Und es gab das *cool girl,* das sich zu gleichen Teilen aus bequemen Hosen und Selbstaufgabe zusammenzusetzen scheint. Das *cool girl* ist eine vielleicht etwas lässigere

Variation des *pick me girls*, das hinreißend gut in Jeans und weiten T-Shirts aussieht und mit ihrem Freund bei der Date Night darüber diskutiert, wie heiß die Frau am Nebentisch ist. All diese *Girl*-Unterkategorien haben zwei Sachen gemeinsam: Zum einen machen Frauen es zum Lifestyle, einen bestimmten Zweck im Leben zu erfüllen, der weit darüber hinausgeht, einfach das zu sein, was man als Mensch eben so sein sollte: freundlich, bemüht, herzlich. Zum anderen sind es Frauen selbst, die das eigene Jungsein so fetischisieren, dass sie bereit sind, sich als Mitte oder Ende Zwanzigjährige noch *girls* zu nennen. Streng genommen sind *pick me girls* nicht das Problem. *Pick me women* machen mir Angst.

*

Ich bin in die Pubertät gekommen an dem Tag, an dem ich begonnen habe, mich für die Höhe von Hosenbünden zu interessieren. Ich hatte in meiner frühen Jugend eine verwirrend intensive Leidenschaft für Hawaii-Shorts, die vermutlich daher kam, dass ich großer Fan von *Spongebob Schwammkopfs* leicht dösigem Freund Patrick Star war, der eine grün-lila-farbene Shorts mit angedeutetem Blumenmuster trug. In meiner Erinnerung sind es die alten Badeshorts meines Bruders und meines Vaters, die ich auftrug, aber ein kleiner Teil meines Hirns befürchtet, dass das ein Selbstschutz ist. Die Wahrheit wird wohl sein, dass ich mit 10 oder 11 Jahren wie ein vollständiger Vollidiot in den Männerabteilungen von Bademodengeschäften rumstand und nach Shorts mit Blumenmustern suchte, die eine Comic-Figur, die mich seit Jahren durch meine Vorabende begleitete, auch trug.

Meine Hawaii-Shorts trug ich auf einer kindlichen Zwischenhöhe am Bauch, etwas unter dem Bauchnabel, aber auch auf keinen Fall auf der breitesten Stelle der Hüften, ich war noch nicht in dem Alter, irgendeinen Anflug von Weiblichkeit betonen zu wollen. Ich trug sie da, wo sie von alleine hinrutschten. Ich war nicht besonders eitel, falls die Tatsache, dass ich ohne größere Not Hawaii-Shorts trug, das noch nicht deutlich gemacht haben sollte. Ich hatte eine lose Freundin, die im selben Ort wohnte wie ich, sie war zwei Jahre älter, was es für uns beide seltsam machte, dass wir uns wirklich zu verstehen schienen. Eine echte Freundschaft wurde dadurch torpediert, dass wir beide zu wissen glaubten, dass wir früher oder später unterschiedliche Dinge wollen würden. Wir lagen in ihrem Zimmer rum, wir redeten über Jungs und ich überging die Tatsache, dass sie mit Jungs schon deutlich mehr Erfahrungen gemacht hatte als ich. Nach ein paar Stunden stand ich auf und ehe ich das Zimmer verlassen konnte, sagte sie scherzhaft: »Zieh die Hose doch *noch weiter* nach oben, Sophie.« Ich grinste, weil ich mir einbildete, dass es liebevoll gemeint war. Als ich nach Hause lief, zerrte ich die Shorts auf den tiefstmöglichen Punkt, unter meinen Bauch, der Bund schnitt leicht in die Hüften ein, immerhin war die Hose nicht weit genug, um plötzlich, nur, weil ich mich modisch umentschieden hatte, von jetzt auf gleich auf der weitesten Stelle meines Körpers wie angegossen zu passen. Ich kam nicht auf die Idee, neue Hosen zu kaufen. Ich war bereits an dem Punkt angekommen, zu glauben, dass mein Körper der Kleidung, die ich hatte, passen musste und dass es auf keinen Fall andersrum sein könnte.

Die kommenden Jahre trug ich meine Hosen mit sklavischer Verlässlichkeit ganz unten auf der Hüfte. Das war gerade Mode. Avril Lavigne trug coole, weite Cargohosen, die ihrem schmalen androgynen Körper eine interessante Weiblichkeit verliehen. Keira Knightley lief über den roten Teppich in Jeans, die so tief saßen, dass der Reißverschluss nicht länger als ein kleiner Finger sein konnte. Britney Spears trug Hosen, die so knapp über dem Schambein endeten, dass jedes pubertierende Mädchen sich fragen musste, *wie genau* Britney es schaffte, so glatt an Stellen zu sein, die bei normalen Menschen mit an Biologiebuchsicherheit grenzender Wahrscheinlichkeit mindestens stoppelig waren.

Jeden Morgen, am dem ich diese Hosen anzog, mühsam eine Stelle suchend, die tief genug war, um der Mode zu entsprechen, und trotzdem noch sicherstellte, dass ich mich hinsetzen konnte, ohne den Stoff künstlich hochzuzerren, damit meine Arschritze nicht zum Vorschein kam, verlor ich einen Wettbewerb, zu dem ich eigentlich nie hätte antreten sollen. Ich maß meinen Körper an denen von Hollywood- und Popstars. Ich knüpfte meinen Selbstwert daran, wie sehr mein jugendlicher, weicher Körper in der Pubertät die gleiche Kleidung tragen konnte wie der von erwachsenen, durchtrainierten, schlanken Frauen. Ich trug diese Kleidung gerade oft genug, um mir keine modische Selbstaufgabe vorwerfen zu lassen, aber immer öfter wählte ich heimlich Kleidung, die mir besser passte, in der ich mich wohler fühlte: Kleider und Röcke, weite Pullover, lange T-Shirts. Ich ahnte, dass diese Hosen nicht für mich gemacht waren. Mein Körper wollte in nichts wirklich passen, was Zeitgeist zu sein schien.

Als dann auf einmal Hosen *in* waren, deren Bund über dem Bauchnabel saß, mit Reißverschlüssen, die teilweise so lang waren wie ganze Unterarme, war ich bereits an einer neuen Stufe von körperlicher Erschöpfung angelangt. Ich war einfach froh, so viel Körpermasse wie möglich in einer Jeans verstecken zu können.

Vor ungefähr zwei Jahren fing alles wieder von vorne an. Topmodels wie Bella Hadid und Kendall Jenner, die körperlich in etwa genauso ausgestattet waren wie vormals Keira Knightley oder Avril Lavigne, nämlich schmal, gerade und androgyn, fingen an, riesige Hosen zu tragen, die durch einen schmalen Bund und viel Gottvertrauen gerade so auf ihren Hüften gehalten wurden. Man nannte es ein »Comeback der Nullerjahre«, auch wenn es in erster Linie ein Comeback des Dünnseins war, der Huldigung von Dünnsein, dem offen ausgelebten Wunsch, wieder dünn sein zu wollen. Es gab ein kollektives Aufatmen, als der immer unterschwellig existierende Wunsch, so wenig Raum einzunehmen wie möglich, nun endlich auch wieder offen dargestellt werden durfte.

Vor ein paar Jahren habe ich aufgehört, mich dafür zu schämen, dass ich gerne Klamotten kaufe.

Shopping ist eines dieser Reizwörter, unzählige Male aufgeladen durch einfallslose Comedians, die ihr Publikum via Pointen über ihre peinlichen Lebenspartnerinnen anschreien, kaputterzählt durch romantische Komödien, popkulturell aufgeladen durch die Erzählungen von all diesen weiblichen Hauptrollen in all diesen Filmen, die natürlich *nichts* mit Klamotten anfangen können und dennoch pausenlos umwerfend gut aussehen.

Es ist vielleicht kein Zufall, dass es nur wenige lautmalerisch hirnlosere Worte gibt als *Shopping*, es klingt, als hätte ein Kehlkopf einen Schlaganfall bekommen. Ich habe es in meinem Leben verklemmt oft ersetzt durch harmlosere Umschreibungen, ich habe *Erledigungen gemacht* oder *musste noch schnell was besorgen*, zur Not ging ich auch *bummeln*, aber auf keinen Fall wollte ich, dass mehr Leute als nötig wussten, dass ich meine freien Tage mühelos unhinterfragt damit verbringen wollte, in so vielen Geschäften wie möglich mit schräg gelegtem Kopf vor Mannequins zu stehen, mit mir selbst verhandelnd, ob das Outfit, das da an der Puppe klebte, auch mich zu einer ganz neuen Frau machen würde.

Seitdem ich Geld ausgeben kann, habe ich Klamotten gekauft, und das nicht, um mich gut zu fühlen, sondern weil ich mich etwas weniger schlecht fühlen wollte. Kleidung war nie der Versuch, der Welt so deutlich wie möglich zu zeigen, wie ich bin, sondern eher, der Welt so viele Entschädigungsgeschenke wie möglich zu machen dafür, dass ich mich nicht ansatzweise so intensiv ändern kann, wie ich es gerne täte. Ich habe Kleider gekauft, wenn es mir peinlich war, dass ich zu burschikos war. Einmal, zu Beginn meiner Zwanziger, ging ich los und kaufte weite Cargo-Jeans und weite Pullover, weil ich in meiner damaligen Beziehung in eine langweilige Häuslichkeit abrutschte, die sich für mich anfühlte, als wäre ich im Begriff, eine Klischee-Frau zu werden, die ich nie sein wollte. Ich kaufte immer nur aus dem Gefühl eines Mangels heraus. Und weil ich etliche Mängel an mir kannte, etliche neue entdeckte, kaufte ich immer wieder Neues.

Den ersten Mangel werde ich mit spätestens 11 Jahren verspürt haben, dann fing ich nämlich an, bewusst Klamotten zu *brauchen*. Geld, das ich zu Weihnachten oder zu meinem Geburtstag bekam, gab ich bei H&M aus, für Kleider und T-Shirts und Hosen, die ich nach dem Kauf mit großer Ehrfurcht mehrere Tage erst zu Hause trug, ehe ich mich traute, sie draußen in der echten Welt anzuziehen. Zum einen, weil das Risiko, dass dieses neue Teil beschmutzt werden könnte, meine Vorstellungskraft überstieg, zum anderen, weil ich sehr früh auf genau das eine große Versprechen reinfiel, auf das Frauen reinfallen sollen. Für mich waren diese neuen Kleidungsstücke eben nicht einfach neue Kleidungsstücke, sondern die einzige Möglichkeit, der Welt zu zeigen, dass ich eine völlig andere Person war als noch Monate zuvor. Mit einer neuen Jeans auf die Straße zu gehen war für mich mehr als einfach nur ein Tag mit einer neuen Jeans, es war in meiner Welt der Launch einer neuen Version von mir. Die Details meiner textilen Teenagerzeit sind belanglos. Ich hatte wie jede andere Frau auch Phasen obsessiver Subkultur-Zugehörigkeit, ich zog mich eine Zeit lang an wie Popstars, die ich bewunderte, dann wiederum versuchte ich zu sein wie meine Schwester. Ich war fest davon überzeugt, dass jede Nuance innerlicher Veränderungen, die ich spürte, mit einer radikalen äußerlichen Veränderung einhergehen musste. Ich war nicht nur jede Fast-Fashion-Saison eine neue Version von mir selbst, ich stieß alle alten Versionen, die ich jemals war, mit großer Entschiedenheit ab. Für mich war persönliche Entwicklung untrennbar damit verbunden, Geld für Kleidung und Kosmetik auszugeben, und das lange bevor ich auch nur ansatzweise eigenes Geld verdiente.

Dieses Verhalten wird von einer ganzen Marketingmaschinerie über alle Kulturkreise hinweg in ausnahmslos jedem Industriestaat begünstigt. Das, was eine Frau im Kern ihres Charakters *ist*, lässt sich ausschließlich über das, was sie gekauft hat, erzählen. Bei den meisten Käufen geht es um die Frau, die man gerne wäre, um das Versprechen, die Frau, die man gerade ist, ein bisschen weiter hinter sich zu lassen. Ohne diese kollektive Vorahnung in den Köpfen von Frauen wäre Parfum-Werbung, so, wie sie heute ist, nicht möglich. Ohne den ständigen Wunsch danach, eine sinnlichere, sexuellere, schönere, entspanntere, coolere, smartere Version von sich selbst zu sein, wären Parfum-Werbungen nur endlos lange Weitwinkel-Einstellungen von Frauen, die in Cocktailkleidern hirnlos einen Sandstrand entlangrennen. In Wahrheit aber ahne ich ganz genau, welche Art von Versprechen in diesen Werbeclips steckt, welche Art von Mann lieber mit mir schlafen würde, wenn ich die Art von Frau wäre, die ich durch das Auftragen dieses Parfums angeblich werden kann. Die Botschaft, die Frauen auf der ganzen Welt hören sollen, lautet in etwa so: Wir alle haben etliche Mängel bezüglich Aussehen, Charakter und *vibe*, und es gibt unendlich viele Produkte, die für eine kurze Zeit genau diese Mängel kaschieren.

Wenig verstehe ich besser als Gruppen von Teenager-Mädchen, die vermeintlich hirnlos einen Großteil ihrer Freizeit in Shoppingmalls und Drogerien verbringen. Es ist der Ort, an dem jungen Frauen das Versprechen gegeben wird, dass es unendlich viele Alternativen zu dem Selbst gibt, das sie gerade glauben zu sein. Ich habe in meiner Jugend nicht ein einziges Kleidungsstück in den grellen Umkleidekabinen der Fast-Fashion-Ketten aus Selbstliebe anprobiert. Ich wollte sie alle nur kaufen, weil sie behauptet haben, zu kaschieren, wie ich wirklich bin. Die Dringlichkeit, mit der ich manchmal akut, binnen weniger Tage oder manchmal Stunden, von einem Blog, einer Homepage, einem Werbespot oder einer Fernsehserie eingeredet bekommen habe, ein bestimmtes Kleidungsstück oder einen bestimmten Style zu brauchen, habe ich bis heute nicht aus meinem System bekommen. Bis heute reicht eine gute Netflix-Serie mit einer wunderschönen und in meinen Augen unerreicht coolen Hauptdarstellerin, und ich möchte den Inhalt meines gesamten Kleiderschrankes verbrennen, nie wieder etwas mit der Person zu tun haben, die ich behauptet habe zu sein, und nur noch so rumlaufen wie diese Frau, die ich da plötzlich bewundere.

Es ist einfach, andere Frauen sein zu wollen, wenn man nicht mag, wer man ist. Es ist noch einfacher, wenn man noch gar keine Ahnung hat, wer man ist. *Nicht zu wissen, wer man ist,* ist einer dieser pathetischen Sätze, die man in seinen Zwanzigern so oft denkt und selten ausspricht, weil er sich anhört nach selbstverliebtem Auf-der-Stelle-Treten. Ich glaube, ich habe mir jedes Mal, wenn sich mir die Tragweite dieses Satzes aufs Neue eröffnet hat, ein neues Kleidungsstück gekauft. Wenn ich mich nicht weiblich genug fühlte, kaufte ich schwarze Pumps. Wenn ich mich zu weiblich fühlte, kaufte ich eine Herrenjeans, die mir fast von den Hüften fiel. Die vermeintliche Alternative, die nämlich, Kleidung nicht mit so viel Bedeutung aufzuladen, erschließt sich für mich nicht. Ich spüre täglich die kolossale Konnotation, mit der ausnahmslos alles, was ich trage oder eben nicht trage, von den Menschen, denen ich auf der Straße begegne, aufgeladen wird. Es gibt nicht das eine Kleid, das ich tragen könnte, damit meine Kleidung keine Rolle mehr spielt. Sobald ich diese Einsicht für mein Leben hatte, ließ mich der Gedanke nicht mehr los, nach dem perfekten Kleid zu suchen, das der Welt dann wenigstens exakt das über mich erzählt, was ich selber am liebsten glauben möchte.

Je größer der Stellenwert wurde, den Kleidung für mich im Leben einnahm, desto mehr schämte ich mich dafür. Ich beneidete die Mädchen, die in der Schule erzählten, dass sie nachher noch shoppen gehen würden, während ich die Tatsache, dass ich genauso gerne über Klamotten redete wie sie, verheimlichte. Ich tat das damals schon in dem sehr klar gefassten Gedanken, dass all dieser Mädchenkram, das Geshoppe und die Oberflächlichkeit mir eigentlich nicht entsprachen, dass ich darüberstand. Ich dachte, man würde mir glauben, dass die, die die exakt gleichen Klamotten trugen wie ich, sie woanders herhatten, dass sie *mir* zufällig geschenkt wurden oder dass ich sie auf dem Weg zum Buchladen im Schaufenster gesehen und dann schnell mitgenommen hatte. Ich weiß, wen ich beeindrucken wollte, ich traute mich nur nicht, darüber nachzudenken, wie wahrscheinlich es wäre, dass ich es tatsächlich schaffen würde.

Das Kaufen von Klamotten war wie das Ansammeln von Geheimwissen über mich selbst, darüber, wie mein Körper aussieht und aussehen konnte, darüber, wie ich glaubte, es verdient zu haben, mich zu fühlen. Ich kann heute alte Fotos von mir anschauen und erinnere mich an jedes meiner Kleidungsstücke, ich weiß, wann ich es wo in welcher Hektik gekauft habe, mit welchem Wunsch, der über mich selbst in Erfüllung gehen sollte, mit welcher Sehnsucht, wer mir das Herz in die Richtung gebrochen hatte, genau diese Jeans zu kaufen. Ich weiß, wie jede Hose, die ich hatte, sich angefühlt hat. Die Kleidung, die ich gekauft habe, war immer auch ein Spiegel davon, wie sehr ich bereit war, mir selbst zu erlauben, mich wohlzufühlen. Ich erinnere mich an Kleider, die so eng waren, dass ich die Arme nicht ganz heben konnte, an Strumpfhosen, die bei jedem zweiten Schritt rutschten, an Schuhe, die mir bei jedem Tragen die Ferse blutig rieben, an T-Shirts, die auf meiner nackten Teenager-Haut kratzten, bis ich abends unzählige rote Pusteln auf meinen Schlüsselbeinen sehen konnte. Mir wird schlecht, wenn ich an die unendliche Menge an Kleidung denke, die ich in meinem verhältnismäßig kurzen Leben bisher besessen habe. Es ist mir peinlich, wie oft ich schon dachte, irgendein Kleidungsstück, das ich panisch tagelang in Innenstädten suchte, würde mich endlich zu genau der Frau machen, die ich damals fast war. Wenn ich auf der Straße an einem verspiegelten Schaufenster vorbeikomme und sehe, dass mein Outfit nicht so aussieht, wie ich es mir vorgestellt hatte, habe ich bis heute schlechte Laune, bis zu genau dem Moment, an dem ich wieder nach Hause kann, um mich endlich auszuziehen.

Mit 11 Jahren fing ich auch an, paketweise Klamotten zu bestellen, es ist bis heute eine Sache, die ich mache, wenn ich diese Art von Heimweh habe, die Erwachsene manchmal haben, die nämlich, die sich gar nicht nach einem Elternhaus sehnt, sondern nach einem Zustand kindlicher, derangierter Terminlosigkeit. Die Pakete waren voll mit Klamotten, von denen ich hoffte, mit ihnen irre cool auszusehen, oder mit Kleidern, von denen ich wusste, dass es in meinem eher unaufregenden Dorf keinen Anlass geben würde, sie zu tragen. Ich wollte sie alle gar nicht kaufen, aber ich wollte gerne die Leben haben, mit denen ihr Kauf eigentlich einhergehen müsste. Die Pakete kamen in unserem Haus an, während ich in der Schule war, der Postbote kam immer vormittags vorbei, es gab also keinen Weg für mich, sie vor meiner Mutter zu verstecken. Sie standen, wenn ich nach Hause kam, dann mahnend auf der Treppe zu meinem Kinderzimmer, ich schämte mich für sie, ohne genau zu wissen, wieso. Ich bin mit Frauen erwachsen geworden, die anders sein wollten als andere Frauen. Diese Frauen waren betont uneitel, schnitten sich selbst die Haare, hielten nichts von Make-up, machten nebenbei Witze über Frauen, die ins Kosmetikstudio gingen und stark geschminkt waren. Die Frauen, mit denen ich erwachsen geworden bin, kauften wenig Kleidung oder taten zumindest so. Ich war im Begriff, eine von diesen Frauen zu werden, mit denen sie nichts anfangen konnten. Ich verstand die großen Versprechen, die Mode mir und anderen gab, ich spürte den Selbsthass, den sie versprach zu lindern, ich bemerkte all die Mängel, die in den Werbungen vermeintlich gelindert wurden. Es gab da also etwas, das mir helfen könnte, mich weniger zu schämen, und ich schämte mich dafür, dass ich so war wie die anderen Frauen.

Wer Glück hat, trifft im Laufe seines Lebens viele oberflächliche Frauen. Frauen, die über ihre neue Handtasche sprechen oder im Restaurant zu der Frau am Nebentisch gehen, um sie zu fragen, wo sie sich ihre Augenbrauen hat färben lassen. Das sind Frauen, die wochenlang darüber sprechen, wenn sie unzufrieden mit ihrem letzten Haarschnitt waren. Wenn man viele von diesen Frauen trifft, lernt man einige Dinge über Oberflächlichkeit. Zum einen ist die Anwesenheit von Oberflächlichkeit nicht zwingend die Abwesenheit von Tiefsinnigkeit. Und andersrum ist die Abwesenheit von Oberflächlichkeit noch lange kein Beweis für die Anwesenheit von Tiefsinnigkeit. Es ist mühelos möglich, sich aggressiv für die Versionen der Frau zu interessieren, die man glaubt, durch den Kauf eines Mantels oder den Wechsel der Haarfarbe werden zu können und gleichzeitig Gedanken zu haben, die weit darüber hinaus führen. Das wirkt wie eine Binsenweisheit, scheint aber als Glaube so tief verankert zu sein in den Köpfen von vielen Frauen (und natürlich vor allem Männern), dass es ernsthaft als erstrebenswert gilt, *wenig* Wert auf Kleidung und Kosmetik zu legen. Und natürlich geht es dabei nicht *wirklich* um Oberflächlichkeit, es geht um Weiblichkeit. Es geht um die Kontaktschuld mit allem, was weiblich ist, denn wer sich für Weibliches interessiert, scheint das ja zu tun, weil es für mehr nicht reicht. Es ist ein Privileg von allem, was von Männern geformt und popkulturell aufgeladen wird, als komplex zu gelten, völlig unabhängig davon, ob es wirklich komplex ist. Das, was dem Klischee nach männlich zu sein scheint, wird intellektuell aufgeladen und alles, was dem Klischee nach weiblich erscheint, wird intellektuell abgewertet. Die Abseitsregel im Fußball ist lächerlich einfach zu verstehen, sie wird in langweiligen Witzen aus dem letzten Jahrhundert als komplex dargestellt, weil Fußball ein *Männerhobby* ist. Deutlich schwieriger als Abseits zu verstehen ist es, einen Lippenstift zu finden, der zur Farbe der eigenen Augen passt.

Ich wollte einen guten Teil meines Erwachsenenlebens Teenager anlügen. Ich wollte ihnen Dinge sagen wie: »In ein paar Jahren wirst du merken, dass du genau so, wie du bist, vollkommen richtig bist.« Und dann wollte ich gerne, dass sie es glaubten und ich die Person bin, die ihnen jahrelanges Leiden und Zetern erspart hat. Heute glaube ich, dass man diese Sätze sagt, weil man sich danach sehnt, sie im Gegenzug auch gesagt zu bekommen, so, wie man seinen Partner besonders mit Liebe überschüttet, wenn man spürt, dass er kurz davor ist, sich zu trennen. Heute höre ich gerne, dass ich richtig bin, so, wie ich bin, weil ich angemessen erwachsen genug bin, um zu wissen, dass das eine Lüge ist, und deswegen keinen Nervenzusammenbruch erleide. Damals hätte mir das überhaupt nichts gebracht, weil ich ja nichts anderes tat, als um die absolute *Gewissheit* herumzuleben, dass ich natürlich nicht gut genug war, nicht schön genug, nicht ausreichend so, wie ich war. Aber Erwachsene möchten Teenagern gerne diese pädagogisch wertvollen Lügen unterbreiten, die ein Bild von der Welt zeichnen, das harmloser und belangloser ist als die Wahrheit. Wahrscheinlich haben mir sogar Unmengen Erwachsene ständig gesagt, dass ich gut so bin, wie ich bin. Es ist eine Lüge, die man überhört. Bis heute ist es mein erster Reflex in einer Lebenskrise, stundenlang auf Pinterest nach Fotos von Frauen zu suchen, deren Outfits ich in der Hoffnung nachkaufe, meine Identität mit ihrer ersetzen zu können. Die meisten Kleidungsstücke besitze ich, weil ich sie mit irgendeiner Idee verbunden habe, der Welt neue Informationen zu meiner Person mitteilen zu können. Wenn Menschen mir Komplimente machen für ein Outfit, das ich trage, habe ich insgeheim das Gefühl, mich schlicht und ergreifend an dem Tag besonders erfolgreich verkleidet zu haben als die Version von mir, die ich am liebsten wäre und von der ich weiß, dass ich sie nicht wirklich bin. Billie Eilish wurde vor ein paar Jahren mal in einem Interview gefragt, wie sie ihren Stil beschreiben würde, und sie sagte nur drei Worte: *Billie Eilish Cosplay*.

*

Ich vermisse die Zeit, in der es ausreichte, anders zu sein als andere Frauen, um in meinem Privatleben Anerkennung zu bekommen. Ich vermisse die belanglose Wärme, die sich in heterosexuellen Beziehungen breitmacht, wenn der Mann so tut, als hätte er noch nie eine Frau getroffen, die so ist wie seine, nur, um als Gegenleistung die am wenigsten lästige Version von ihr zu bekommen. Ich vermisse es, mir zu viel Mühe zu geben, Verständnis zu haben für jede Form von Selbstverwirklichung, die im direkten Konflikt mit meiner stand, nur, um mir dann einzureden, dass meine Form von Selbstverwirklichung ohnehin mit dem Glück meines Partners verbunden sei. Ich vermisse die Gespräche mit Freundinnen, in denen ich so tue, als müsste ich keine Ausreden für meine Menge an Selbstaufgabe finden, und meine Freundinnen so tun, als hätten sie nicht schon dutzendfach das Gleiche getan. Möglichst gut eine möglichst banale Klischee-Version vom eigenen Geschlecht zu spielen, fühlt sich von innen deutlich aufregender an, als es von außen aussieht. Die Nervosität und Unsicherheit, der heimliche Hass, die Traurigkeit und die sich anschleichende Verachtung, die man zwangsweise für jeden empfindet, der einem bei diesem Spiel zu nahe kommt, sind aufregend. Nichts davon ist besonders, die meisten Frauen, die ich kenne, die mal Männer geliebt haben oder es immer noch tun, haben so was schon getan.

Frauen sind *pick me girls*, weil es einfach ist. Es ist einfacher, als sich zu überlegen, wer man eigentlich sein könnte. Es ist einfacher, als sich damit zu konfrontieren, aus welchen Gründen man was mit sich machen lässt.

Ich wusste bis ungefähr Mitte 20 nichts mit mir anzufangen. Wenn mich jemand nach meinen Hobbys gefragt hat oder danach, womit ich gerne meine Zeit verbringe, in der ich nicht arbeite, klang ich wie eine Zweitklässlerin, die am Nachmittag versucht, den Fragebogen in einem Freundebuch auszufüllen. Meine Hobbys seien lesen und Freunde treffen, sagte ich. Ich treffe nicht besonders gerne Freunde, das wusste ich schon damals. Ich liebe meine Freunde abgöttisch, aber das eigentliche Treffen, das obligatorische Rumsitzen und Sichunterhalten, war eigentlich der Teil in jeder Freundschaft, in dem ich bis heute am schlechtesten bin. Ich wusste, dass ich gezwungen war, ein paar generische Lügen aufzuzählen, wenn ich nach meinen Hobbys gefragt wurde, weil die Wahrheit – dass ich nämlich schlicht und ergreifend keine Hobbys hatte – seltsam klang. Es gibt Dinge, deren Abwesenheit im eigenen Leben man im Zweifel noch irgendwie verargumentieren kann: Ich habe keinen Kontakt zu meiner Familie. Ich habe keine eigene Wohnung. Ich habe keinen Job. Der Satz »Ich habe keine Hobbys« klingt eher erbärmlich. Es ist höchstens in Ordnung, zu sagen, dass man keine *Zeit* für Hobbys hat, weil man zu viel arbeitet. Wenn man aber gefragt würde, was man *eigentlich* gerne machen würde, wenn man nicht wie eine kleine Arbeitsbiene bis spätabends in irgendeinem Büro rumlungert, sollte man ein paar Antworten parat haben, selbst wenn es nur Notlügen sind. Die Frage nach Hobbys hat sich für mich damals überhaupt nicht gestellt. Ich habe meine Zeit halt irgendwie verbracht. Und ein großer Teil der Wahrheit ist, dass ich wie viele heterosexuelle Frauen früher oder später einfach die Hobbys meiner Partner übernommen habe. Nicht unbedingt mit Leidenschaft und manchmal sogar nicht einmal mit echtem Interesse, aber ich habe es meistens getan. Ich stand frierend in Eishockeyhallen rum und habe die meiste Zeit versucht rauszufinden, wo genau sich der Puck gerade befindet. Ich habe langweilige Spiele auf der Playstation mitgespielt. Ich habe angefangen, mich im Rahmen meiner Möglichkeiten für Photoshop zu begeistern, und an irgendeinem Punkt meines Lebens war ich sogar wandern. Kein Mann in meinem Leben hat mich jemals gezwungen, irgendwelche Hobbys von ihm zu teilen. Freizeit in Beziehungen ist aber ein sehr sanft geführter Verteilungskampf, den meistens die Seite gewinnt, die bessere Argumente hat. Ich hatte nicht ein einziges Argument. Ich habe meine freie Zeit behandelt wie eine lästige Ressource, die mich mit der Tatsache überforderte, dass ich theoretisch tun und lassen kann, was ich möchte. Ich wusste, dass ich mich nach gemeinsam verbrachter Zeit sehnte, und ich ahnte, dass ich die praktischste Freundin wäre, wenn ich meinem Partner möglichst selten im Weg rumstand. In meiner ersten Beziehung versuchte ich das Gegenteil der *nagging girlfriend* zu sein, die ihren Partner und seine Hobbys abwertet, ihm auf den Geist geht, während er nur in Ruhe versucht, sich nach einer Arbeitswoche zu entspannen. Also ging ich in Stadien, saß vor Laptops und spazierte durch Wälder. Ich kenne kaum eine Frau, die nicht zumindest bis zu einem gewissen Grad ein Problem damit hat, Raum einzunehmen. Bei manchen (mir) war es in manchen Punkten meines Lebens sogar so schlimm, dass sie nicht mal sich selbst gegenüber Raum einnehmen wollen. Selbst der Gedanke, mit mir selbst etwas zu unternehmen, etwas zu planen, von dem ich ahnte, dass ich es gerne machen würde, nahm Raum für die potenzielle Möglichkeit ein, in der eventuellen Zukunft mit jemand anderem etwas zu machen. Etwas, was die andere Person gerne machen wollte.

Und es ist nicht nur so, dass Frauen als Kinder potenziell in die sorgende, die kümmernde, die umgänglichste Version von sich selbst erzogen werden, sondern Männer im Gegenzug zu dem Gegenteil von alldem. Für jeden Raum, den ein Mädchen nicht einnimmt, wird ein Junge belohnt, wenn er es tut. Die meisten Männer, die ich kenne, sind reflexhaft irre gut darin, viel Raum einzunehmen. Sie denken nicht zuerst darüber nach, wie eine andere Person sich fühlt, ob der Raum vielleicht geteilt oder ganz abgegeben werden sollte. So reflexhaft, wie ich in meinen Beziehungen tat, was meine Freunde von mir wollten, so reflexhaft entschieden sie, was getan werden könnte. Ich fühlte mich gut wegen der Daseinsberechtigung als *unkomplizierte* Freundin, er fühlte sich gut, weil er endlich mal dem kaum gerecht zu werdenden patriarchalen Ideal eines alles entscheidenden Mannes gerecht werden konnte. Keiner war so richtig glücklich, aber immerhin ist währenddessen Zeit vergangen.

Heute beklemmt mich das Konzept, dass es wirklich Männer gibt, die es schätzen, wenn Frauen *unkompliziert* sind. Es ist ein Wunsch, den ich noch nie aus dem Mund einer Frau über einen potenziellen männlichen Partner gehört habe. Es geht dabei um die Idee, dass der Mensch, mit dem man große Teile seines Lebens verbringen möchte, möglichst wenig Widerspruch geben soll, möglichst wenig Arbeit machen soll und alles in allem möglichst mühelos und ohne Abstriche in das eigene Leben integrierbar ist. Ich habe unendliche Male versucht, *unkompliziert* zu sein, und das Einzige, was das für mich am Ende bedeutet hat, war, meinen Bedürfnissen wenig Raum zu geben. Ich weiß nicht, ob ich wirklich viele Spielfilme, Serien und echte Paare in meiner Jugend gesehen habe, die mir das Ideal der entspannten Freundin vorgespielt haben, aber in meinem Hirn hatte sich damals die Wunschvorstellung eingebrannt, niemals eine Freundin zu sein, die ihren Partner zu Partys mitzerrt, am Wochenende zwingt, mit shoppen zu gehen, oder ihm zumutet, 20 Minuten auf sie zu warten, weil sie noch nicht fertig umgezogen ist. Es hörte eben nie auf bei den Hobbys, von denen ich dachte, dass ich sie nicht will, es ging weiter mit der Grundfrage danach, wie viel Zeit, Aufmerksamkeit und Gleichberechtigung ich unbedingt *brauche*, mit wie viel ich auskomme, ohne vor Unglück zu zergehen. Das war das Ideal: nicht vor Unglück zu zergehen. Und sosehr ich weiß, dass ich noch nie von irgendeinem Partner, Chef, besten Freund oder Verwandten aktiv gebeten wurde, unkompliziert zu sein, so sehr weiß ich mittlerweile aus meinem halben Leben, dass für komplizierte Frauen dasselbe gilt wie für erfolgreiche und lustige Frauen. Die meisten Männer ertragen sie vor allem in der Theorie gut.

Ich habe mit Ende 20 angefangen, zu überlegen, was ich wohl in meiner Freizeit gerne mache. Ich wusste, dass es nichts mit Eishockey und nichts mit Wäldern zu tun haben würde. Ich wusste außerdem, dass niemand, keine Gesetzesänderung, keine Frauenquote und erst recht kein Mann, der sich selbst die Nägel lackiert und deswegen glaubt, etwas für Gleichberechtigung getan zu haben, mir beim Versuch hilft, mehr zu werden als das, was ich gerade bin. Das ist eine von diesen Sachen, die man ganz alleine machen muss, bei denen sich dann am Anfang alles schlechter und unbequemer anfühlt als der Zustand, den man dafür verlassen hatte. Es ist der einzige Weg aus dem Dilemma, das sich anhört, als wolle man den Feminismus gesundschrumpfen: Viele Frauen geben sich keine besonders große Mühe dabei, ein spannendes Leben zu führen. Das sind dieselben Frauen, die als Mädchen beigebracht bekommen haben, dass die meisten Rollen, die sie einnehmen können, mit dem Leben anderer Menschen zu tun haben: Ehefrau, Tochter, Mutter, gute Seele des Hauses und so weiter. Wie spannend kann das eigene Leben schon sein, wenn man es in Relation zu anderen Menschen messen muss?

Als ich angefangen habe, mir Hobbys zu suchen, habe ich gemerkt, wie anstrengend es ist, mehr zu sein als das, was man ist. Das klingt wahnsinnig banal, immerhin hatte man als Kind ja Hobbys, genau, wie man als Kind ohne weitere Ablenkungen dicke Bücher lesen konnte oder fasziniert stundenlang ohne Anflug von Langeweile vorm Fernseher saß. Mir zumindest kam das irgendwann abhanden. Ich vermisse alles, was ich hinter mir gelassen habe beim Versuch, irgendwas zu sein zwischen Frauen, die anders sein wollen als andere Frauen, und Frauen, die die plakativste Weiblichkeit nachspielen, die ihnen einfällt, als wäre Frausein für sie mehr eine Dragshow als eine Identität. Ich habe heute mehr Verständnis für jede Frau, die sich in irgendeine dieser Rollen klemmt, die für sie vorgesehen wurde. Und je mehr ich mich frage, was Frausein wirklich ist, was authentisch in einem steckt und was davon man nachspielt oder absichtlich auslässt, desto weniger weiß ich, ob Geschlechter nicht ohnehin einfach nur eher einfallslose Konstrukte sind, an denen wir uns entlanghangeln, egal, wie sehr wir versuchen, anders zu sein oder genauso zu sein wie andere.

Ich vermisse nicht nur die Frau, die ich eigentlich geworden wäre, ich sehne mich auch oft nach der Frau, die ich war.

Ich habe in den vergangenen Jahren ausprobiert, was von meiner Weiblichkeit wirklich zu mir gehört und was nur antrainiert sein könnte. Ich habe Dinge aufgehört, nur um später zu wissen, dass ich sie wieder anfangen möchte. Ich habe mich selbst aussortiert in der Hoffnung, dass ich am Ende immer noch eine vollständige Frau bin.

*

Ich wusste, dass ich mit Anfang 20 jung war, dass ich aber auch außerordentlich dumm war, fiel mir erst Jahre später auf. Mit Anfang 20 nämlich begann ich, mit Sorge zu betrachten, dass ich deutlich seltener sexuell belästigt wurde als die anderen Frauen, mit denen ich studierte. Ich sah meinen Kommilitoninnen dabei zu, wie sie unerwünschte Gespräche und schmierige Komplimente über sich ergehen ließen, ich sah ihnen an, dass sie es nicht genossen. Wir sprachen nach jedem dieser Zwischenfälle ausführlich darüber, wie ekelerregend und erniedrigend das war, wenn ein Mann die Tatsache ignorierte, dass die Frau, die er da bedrängte, nichts von ihm wissen wollte. Und obwohl ich damals wie heute wusste, wie widerlich das alles war, waren die Selbstzweifel in Bezug auf Männer so tief in mein Unterbewusstsein eingesickert, dass ich insgeheim anfing, es persönlich zu nehmen, wie oft meine Freundinnen im Vergleich zu mir belästigt wurden.

Meine Freundinnen und ich studierten Politik, waren links und hatten bereits gelernt, dass Gender nur ein Konstrukt ist, gleichzeitig waren wir aber auch Anfang 20 und legten großen Wert darauf, an Freitagabenden an dunklen Orten durch die Hose unsere Schambeine an den Oberschenkeln von bisher noch fremden Männern zu reiben. Wir wussten, dass wir uns nicht an unseren feministischen Freunden reiben konnten, wir wussten, dass es zu kompliziert war, und, vielleicht ist das noch wichtig: Wir *wollten* es nicht. Also gingen wir in die Kneipen, in denen der Türsteher uns beim Einlass »Süße« nannte und wir eifersüchtig auf die tätowierten Barkeeperinnen waren, die die Aufmerksamkeit aller Männer im Raum auf sich zogen. Wir gingen mit dem Wissen, dass die Wahrscheinlichkeit hoch war, im Laufe des Abends mindestens eine unangenehme Interaktion mit einem Mann zu haben, aber wir waren eben auch Anfang 20 und wir spielten das Spiel, von dem linke Frauen Anfang 20 mit großer Ernsthaftigkeit behaupteten, dass sie es nicht spielten: Wir sammelten die Aufmerksamkeit von Männern. Niemand gab zu, mitzuzählen, und alle wussten zu jedem Zeitpunkt, wie es stand.

Das Spiel funktioniert so, dass ausnahmslos jedes Bekunden von Interesse eines Mannes zählt. Ein liebenswürdiger Flirt mit einem Kommilitonen genau wie ein besoffener Vierzigjähriger, der einem einen Drink ausgeben will, ein Professor, der einem im Hörsaal vor 200 anderen Studenten ein schmieriges Kompliment macht. Ein zugeschicktes Penisfoto genau wie ein Griff an die Brüste auf der Tanzfläche eines Klubs, der ganz sicher kein *safe space* war. Es war ein Spiel, und dennoch steckte dahinter natürlich ein tieferer Sinn. Wir versuchten nicht, herauszufinden, wer von uns am schönsten war, das wussten wir, auch wenn wir so taten, als gäbe es eine Art Egalität, die sich schlicht durch Wunschdenken herstellen ließ. Dieses Spiel ging weit über die Frage hinaus, wer am *schönsten* war, wir waren Anfang 20, wir hatten die letzten 10 Jahre gelernt, dass es nicht ansatzweise nur darauf ankommt, wie *schön* man ist.

Das ist vielleicht die große, die anstrengende Lüge, die der Feminismus angefangen hat zu glauben und deswegen die vergangenen Jahre, vielleicht auch Jahrzehnte, erfolglos versucht hat, ein Problem zu bekämpfen, das nicht wirklich existiert. Es geht bei Frauen *nie* nur um Schönheit. Es geht um Lieblichkeit, Weichheit, Sanftheit, Niedlichkeit, Zurückhaltung, die Bereitschaft, zu jedem Zeitpunkt schwach zu sein, um die Abwesenheit von Interesse daran, Raum einzunehmen. Hollywood-Schönheiten können auf Bühnen stehen und mit Härte und Klarheit ein Argument verfolgen, sie ist damit weniger wert als eine durchschnittlich attraktive Frau, die bei jedem Witz eines Mannes bereit ist, gespielt ekstatisch vor Lachen ihren Kopf in den Nacken zu werfen. Wir gingen also nicht aus, um herauszufinden, wie *schön* wir waren, wir gingen aus, um herauszufinden, wie viel Charakter wir uns erlauben konnten.

Ich wurde nicht sexuell belästigt und es sorgte mich. Es passte zu einem Muster, das sich durch mein Erwachsenenleben zog: Ich war die Frau, die von den Männern, in die sie verliebt war, immer wieder aufs Neue erzählt bekam, dass sie jetzt endlich die Liebe ihres Lebens gefunden hatten.

Es ist ein spezieller Schmerz, der sich einstellt, wenn man merkt, dass man für die Männer um einen herum nicht einmal wertvoll genug ist für Abwertung. Es ist ein Schmerz, der sich in der Regel für sich selbst schämt, immerhin glaubt man als Frau, zu wissen, dass man es seiner Umwelt gegenüber schuldig ist, zu jeder Zeit moralisch *richtig* darauf zu reagieren, dass man gerade zum Objekt gemacht wird. In Wahrheit ist die Abwesenheit von sexueller Belästigung nicht gleichzeitig die Anwesenheit von Respekt. Meist bedeutet es nur, dass man für den Mann, der einen potenziell sexuell belästigen würde, nicht gut genug wirkt, um den Aufwand der Belästigung auf sich zu nehmen. Wenn man keine Wahl hat, ob man als Objekt wahrgenommen wird, will man wenigstens eins sein, das gut gefunden wird.

Als mir auffiel, dass ich nicht häufig genug sexuell belästigt wurde, ging ich ins Fitnessstudio. Die Schönheitsideale waren zu dieser Zeit eher schwammig, die Kardashians waren noch eher ein Witz als eine ernst zu nehmende Instanz, es ging noch nicht um die perfekte Ratio von Hintern zu Taille zu Brüsten, es ging relativ plakativ darum, *dünn* zu sein.

Jetzt kommt: keine Erfolgs- oder Absturzgeschichte. Sport hatte bis zum jetzigen Zeitpunkt niemals einen wirklich intensiven Einfluss darauf, wie ich aussah. Ich stemmte ein paar Jahre Gewichte und rannte auf Laufbändern, ich entwickelte weder eine Obsession mit Fitness noch ein neues Verhältnis zu meinem Körper. Ich nutzte die Zeit, in der ich versuchte, mir einzureden, dass ich mich nicht wahnsinnig langweilte beim ständigen Wiederholen derselben Bewegung, um die Frauen um mich herum zu studieren.

Natürlich ging ich in ein Fitnessstudio für Frauen. Den Preis, den ich dafür zahlte, war eine doppelt so lange Anfahrt und der Kitsch, der mit dem Versuch einhergeht, Frauen das Gefühl zu geben, dass sie gerade *Zeit für sich* haben: rosafarbene Schriftzüge in den Umkleiden, die leere Hauptwörter wiederholten. *Wellness. Freedom. Feelgood. Life.*

Was ich in diesem Fitnessstudio fand, war stattdessen die Einsicht, dass jede Frau auf ihre Art *seltsam* aussieht und dass jede Frau auf dieselbe nervöse Art an dem Bund ihrer engen Sporthose rumzerrt, bis er wieder – möglichst ohne das Erzeugen einer Speckfalte – am Körper sitzt. Ich saß mehrmals die Woche mit anderen nackten Frauen in der Sauna und sah heimlich dabei zu, wie sie alle ihre Bäuche bedeckten oder ein Handtuch vor ihre Brüste hielten, wie sie im Sitzen die Füße auf die Ballen stellten, um die Oberschenkel von der Sitzfläche zu heben. Die Beine sehen dann schlanker aus. Ich sah Frauen, die besser und schlechter aussahen als ich, die glatter oder unproportionierter oder anmutiger oder uneleganter waren als ich, und sie alle bewegten sich gleich, sie bewegten sich alle genau wie ich. Mein Körper kam mir mit der Zeit immer harmloser vor, zumindest für die paar Stunden in der Woche, in denen ich in den *Wellness-Feelgood-Freedom*-Umkleiden des Studios stand und mich darüber freute, mich kurz nicht der Frage zu stellen, welche Art von Objekt ich für Männer war.

Ich weiß, dass ich heute besser aussehe als mit Anfang 20. Ich weiß das, weil ich heute oft sexuell belästigt werde. Ich habe aufgehört, das Spiel zu spielen, in dem ich jeden Moment, in dem ein Mann bereit war, meine Existenz anzuerkennen, als Punkt werte. Ich lebe heute glücklicherweise ein Leben, in dem mir nicht einmal einleuchtet, wofür diese Punkte gut sein könnten. Aber ich bemerke die Abwesenheit von peinlich berührtem Schweigen. Wenn man ein paar Jahre Gleichgültigkeit erlebt hat, wird man in der Regel besonders sensibel gegenüber Aufmerksamkeit. Ich bemerke jeden widerlichen Blick, den mir ein Mann auf der Straße zuwirft, jedes zu lang gezogene *Hallo*, das mir jemand in der Schlange im Supermarkt entgegenflüstert, ich bemerke sie, weil ich gelernt habe, ihr Ausbleiben als peinlich zu empfinden. Ich war mit Anfang 20 ganz heimlich neidisch auf meine Freundinnen, die öfter angesprochen wurden von Männern, dabei war mir erst mal völlig egal, ob es eine unangenehme oder eine angenehme Situation war, in der es geschah. (Entgegen häufiger Behauptung kann nicht nur die Frau, der das passiert, unterscheiden zwischen einer unangenehmen und einer angenehmen Situation, jede Person, die so was mit ansieht, weiß ab der ersten Sekunde des ersten Wortes, ob beide Beteiligten sich wohlfühlen. Es ist aber erstaunlich, wie bereitwillig Männer sich oft ahnungslos stellen, wenn es darum geht, einschätzen zu können, was ein *harmloser Flirt* ist und was Übergriffigkeit. Meistens ist ein ganz guter Indikator, ob die Frau, mit der man da gerade spricht, einem länger als nötig in die Augen schaut.)

Ich kannte also die andere Seite und ich weiß, dass auf ihr nicht respektvoller Umgang herrscht. Auf eine Art habe ich mir immer eingebildet, ganz genau zu merken, wenn ein Mann, der potenziell bereit gewesen wäre, mir etwas Widerliches hinterherzurufen, es nicht tat, weil er mich nicht heiß genug fand. Von außen sehen Ruhe und peinliches berührtes Schweigen manchmal gleich aus, aber es fühlt sich immer anders an.

Ich zog in ein neues Viertel in meiner Stadt und als ich mein kitschiges Frauen-Studio verließ, wurde ich melancholisch. In meiner neuen Nachbarschaft gab es nur eines, in das auch Männer durften. Also ging ich dahin.

Die nächsten zwei Jahre passierte nichts in meinem Leben, außer, dass ich plötzlich Geld hatte. Und wie vielleicht ausnahmslos jeder Mensch, der plötzlich Geld hat, sah ich besser aus, als ich es ohne Geld tat. Ich war plötzlich eine dieser Frauen, die Shampoo für 30 Euro kaufte und sich bei einer Dermatologin die oberste Schicht der Haut abschmirgeln ließ, um ständig so auszusehen, als wäre sie frisch verliebt. Mein Aussehen war plötzlich kein Umstand mehr, sondern stand gegen Summe x zur Verhandlung. Und auf einmal war ich eine dieser Frauen, die nah genug an irgendeinem gängigen Schönheitsideal war, um sich sicher zu sein, dass sie regelmäßig mit unangenehmen Aufeinandertreffen mit Männern rechnen konnte. Ich erinnere mich sehr genau an mein erstes Mal sexuelle Belästigung *in einer Sauna*. Es begann damit, dass ein Mann sich mir in den Weg stellte und fragte, ob er mich küssen dürfte, er hatte das Handtuch, das um seinen Unterkörper gewickelt war, dafür abgenommen, ich wollte die Selbstüberzeugung dahinter sofort abstoßend finden, er hatte aber tatsächlich einen phänomenal schönen Penis. Es endete damit, dass ich in der Umkleidekabine meinem schwulen besten Freund schrieb, um mich zu erkundigen, wie man rausfinden könnte, ob die Sauna, in die man ging, eine Hetero-Sex-Sauna war, woraufhin er mir erklärte, dass es so was nicht wirklich gibt. (Ich glaube ihm nicht.) Anschließend ging ich nach Hause und dachte darüber nach, wonach ich mich all die Jahre, in denen Männer mich ignorierten wegen meiner Pickel und meiner Figur und meiner Haare, eigentlich gesehnt hatte.

Als ich das Buch *King Kong Theorie* der französischen Feministin Virginie Despentes las, kam mir das erste Mal der Gedanke, dass man als Frau auch absichtlich die Orte aufsuchen könnte, die Situationen provozieren in denen Männer sich potenziell falsch benehmen. Absichtlich nachts im Park joggen gehen. Immer wieder in die Bar gehen, in der die widerlichen Geschäftsmänner nach drei Lines Koks nach einer Frau für einen Verzweiflungsfick suchen. Präsenz zeigen. Gegen die Impertinenz mit Impertinenz reagieren. Ich fand diesen Gedanken auf der Stelle einleuchtend. Er ging ehrlich mit der heimlichen Einsicht um, dass Männer ja niemals von sich aufhören würden, sich zu benehmen, wie sie sich benehmen, wenn dem Ganzen nichts als Vermeidungsverhalten entgegengebracht wird. Feminismus als Stärketest.

Ich ging tatsächlich aus Prinzip immer wieder in dieselbe Sauna. Ich war meist die einzige Frau, weil es ohnehin schon wenige Frauen gab in dem Studio, zumindest sah ich kaum welche, und die, die es gab, gingen wohl, wenn überhaupt, in die kleine Damensauna, die aber teilweise willkürlich mal ganze Tage ausgestellt oder abgesperrt wurde. Ich begann zu verstehen, dass die meisten Männer zu glauben schienen, dass ich *aus Gründen* in die gemischte Sauna ging, immerhin gab es eine nur für Frauen. Ich erlebte in wenigen Wochen jede Nuance von unangenehmem Verhalten, die man an einem Ort, an dem man idealerweise gemeinsam schweigend nackt schwitzt, erleben kann. Männer bissen sich beim Blick auf meine Titten auf die Lippen. Sie baten mich, noch zu bleiben, wenn ich den Saunaraum verlassen wollte. Sie setzten sich in einem Raum voller freier Liegen direkt neben oder direkt gegenüber von mir. Sie verwickelten mich in Gespräche und wollten wissen, ob ich an festen Tagen an die Sauna ging, als sei ich eine Tänzerin auf der Reeperbahn. Als ich nach Wochen den Mann wiedertraf, der mich nach dem Kuss gefragt hatte, fühlte ich mich erschöpft wie nach einer langen Reise, nach der man endlich wieder nach Hause kommt. Ich wunderte mich über die völlige Abwesenheit von Nervosität, als ich ihm den Rücken zudrehte, während er mir erklärte, dass die Frage nach dem Kuss damals nicht böse gemeint war, er fände mich einfach attraktiv. Als hätte ich eine Ausbildung abgeschlossen darin, zu wissen, wie man mit der Abwesenheit von peinlichem Schweigen umgeht, ging ich in die Sauna und, aus Übermut und Selbstüberschätzung heraus, drehte ich mich um und schüttelte den Kopf, als der Mann Anstalten machte, hinterherzukommen. Komischerweise klappte es.

Einer der größten Gräben unter Frauen ist der der Attraktivität. Wir müssen das nicht einmal zugeben, es wäre albern, ein Wort darüber zu verlieren. Wir haben unser ganzes Frausein damit verbracht, darauf reduziert und zurückgeworfen zu werden. Wenn wir uns gegenseitig sagen, dass wir alle wundervoll und fantastisch aussehen, meinen wir es genauso, wie wir wissen, dass es nicht stimmt. Wir wissen, dass es ein zu weiten Teilen willkürliches Konzept ist, dass die, die das Konzept erfunden haben, den seltsam aggressiven Drahtseilakt beherrschen, den Aufwand, der mit dem Herstellen der Attraktivität einhergeht, einzufordern und gleichzeitig zu ignorieren. In den meisten Fällen wissen wir auf Anhieb, wer die 10 schönsten Frauen in einem Raum von 100 sind. Wir wissen das nicht, weil wir genuin eine Obsession damit haben, sondern weil wir es als Überlebensstrategie beigebracht bekommen haben. Eine der letzten Bastionen der echten, aufrichtig ausgelebten Abwertung ist die von Frauen gegenüber anderen Frauen, die attraktiver sind als sie selbst. Diese Abwertung entsteht durch eine Mischung aus Neid, Verzweiflung und dem aufrichtigen Misstrauen diesen Frauen gegenüber. Wir wissen, wie viel einfacher sie es sich machen können, wenn sie es darauf anlegen. Ich weiß aus eigener Erfahrung, welche absurden Level von Gehirnwäsche man mit Anfang 20 in der Regel schon hinter sich hat, die einen an den Punkt bringen, *neidisch* zu sein auf die sexuellen Belästigungen der anderen. Und ich kenne jetzt die Langeweile und das Unwohlsein, das sich einstellt, wenn man genau diese sexuelle Belästigung, die man dümmlicherweise als eine Dimension von *Aufmerksamkeit* missverstanden hat, bekommt. Man lernt zum einen, dass keine Version, die man ist, einen vor irgendetwas schützt. Man weiß, dass das Risiko, vergewaltigt zu werden, im Zweifel dasselbe ist, Hässlichkeit schützt einen nicht vor Machtmissbrauch, denn vergewaltigt wird man ja nicht aus Lust, sondern aus Hass und Erniedrigungssucht. Und Schönheit schützt einen eben auch nicht vor dem unangenehmen Gefühl, das sich einstellt, wenn man merkt, dass die Männer um einen herum einen wahrgenommen und gescannt haben, um anschließend zu entscheiden, einen zu ignorieren, weil es sich in ihren Augen bei anderen Frauen mehr *lohnt*, sie zu belästigen. Ich weiß jetzt, dass das, was ich lange für Attraktivität hielt, eigentlich nur *Harmlosigkeit* ist. Alles, was einem gängigen, männlichen Schönheitsideal entspricht, ist die harmloseste Variante, die es von einer Frau geben kann. Die schlanke, weil disziplinierte Frau. Die Frau, die bereit ist, Geld und Zeit und Mühe zu investieren in den Versuch, irgendwie auszusehen. Die Frau, die nicht mehr als möglich ausstrahlt, um so viel wie möglich Projektionsfläche zu sein. Die Frau, die bereit ist, sich in keinem Moment für die interessanteste Frisur, Kleidung oder Aussage zu entscheiden, um nicht mehr Raum einzunehmen als möglich. Ich habe meine ganzen Zwanziger mit irgendeiner Version des Versuchs verbracht, endlich schön zu werden. Ich glaube, ich bin heute tatsächlich irgendeine Art von schön. Und niemals fand ich mich langweiliger als jetzt. Nichts von dem, was ich mir erhofft habe, ist passiert. Die Männer sind exakt dieselben geblieben, streng genommen verhalten sie sich immer noch gleich, es ist nur ein anderes Symptom derselben Krankheit, das ich zu sehen bekomme. Ich bin heute eine *dieser* Frauen, die in jeder Sekunde damit rechnet, sexuell belästigt zu werden. Ich nehme jeden falschen Blick angeekelt und entnervt an. Ich gucke weg, wenn Männer zu lange meine Nähe suchen. Ich behaupte, ich sei verheiratet, und erzähle meinem Freund dann zu Hause erschüttert, dass erst *das* dafür gesorgt hat, dass die Männer, die ich loswerden wollte, weggegangen sind. Ich schieße mit Schrot, ich bin mittlerweile grob, wenn es darum geht, nach den Intentionen von Männern zu suchen. Wahrscheinlich tue ich einem Bruchteil von ihnen unrecht. Und ich nehme in Kauf, dass man mich für selbstüberzeugt und arrogant hält, dass ich mich begehrenswerter finde als ich wirklich bin, ich nehme in Kauf, dass Frauen um mich herum heimlich die Augen verdrehen, weil sie das denken, was man als Frau logischerweise erst mal denkt: So gut siehst du jetzt auch nicht aus, dass *jeder* Mann sich über die Lippen leckt. All das ist mir wahnsinnig egal. Ich bin genau wie andere Frauen und meinetwegen bin ich auch völlig anders. Meistens will ich aber einfach nur in Ruhe in die Sauna.

*

Als Kind hatte ich eine seltsame Faszination für Schottenröcke. Meine Mutter musste mit mir stundenlang auf *eBay* verbringen, auf der Suche nach Röcken in der richtigen Länge und neuen Mustern, die ich so noch nicht im Schrank liegen hatte. Jeder Rock, den sie für mich bestellte, barg das Risiko, dass er trotz gründlichem Nachmessen nicht richtig passte oder das Muster bei näherer Betrachtung doch nicht das war, was ich wollte. Am schlimmsten war es, wenn sie nur etwas zu lang waren, dann sah sich meine Mutter gezwungen, den Faltenrock aufwendig zu kürzen. Wenn er zu weit oder zu kurz war, verkaufte sie das Exemplar selbst wieder auf *eBay* und mit ein wenig Glück bekam ich genauso viel Geld dafür, wie ich zuvor ausgegeben hatte. Wahrscheinlich war auch das eine Konsequenz aus dem Bewundern von Avril Lavigne, sie ist die Einzige aus der Zeit, die mir einfällt, die auch nur ansatzweise etwas mit Schottenröcken zu tun hatte. Schottenröcke waren eine etwas seltsame und leicht nervige modische Wahl für eine Neunjährige und genau deswegen liebe ich daran bis heute alles.

In dem Dorf, in dem ich aufwuchs, gab es eine rührende Aneinanderreihung von teilweise katholischen und teilweise rein hedonistischen Festen, die an unterschiedlichen Orten, aber immer mit Bierbänken, großen Mengen Alkohol und einem überdurchschnittlich aufwendig zubereiteten Fleisch hinter sich gebracht wurden. Einmal war eines dieser Feste, das begangen wurde für einen dieser christlichen Feiertage, dessen Ursprung man jedes Jahr aufs Neue heimlich googelte oder aber in der Frühsendung eines Radiosenders von einem eifrigen Moderator erklärt bekam, alles in der Hoffnung, dass man in den Brückentag-Diskussionen davor die Frage, *was genau* man da eigentlich feierte, als einzige Person triumphal beantworten könnte. Die Feier fand auf dem Vorhof der Kirche statt, der einzige Grund für den Besuch des Festes waren irgendwelche Knödel, die irgendeine ältere Frau jedes Jahr aufs Neue servierte. Man aß die Knödel, während man leicht beklemmt von der Vergänglichkeit der Dinge halblaut darüber diskutierte, wer wohl welche Art von Mahlzeit servieren würde, wenn sie *irgendwann nicht mehr sei.* Wer auf Dörfern aufwächst, ist dankbar für jede Veranstaltung, die ein sonst in aller Belanglosigkeit vor sich hin plätscherndes Wochenende strukturiert. Ich spürte so eine seltsame Feierlichkeit und Aufgeregtheit, die man nur als Kind wegen solcher Feste haben kann, ich zog mich morgens sehr gründlich an, ich nahm meinen liebsten

Schottenrock aus dem Schrank – er ging etwas über die Knie –, dazu zog ich Strümpfe an, die knapp unter dem Saum des Rockes aufhörten. Ich hatte damals ein Bauchgefühl, dass es in der Mode so was wie Proportionen gab, und fühlte mich großartig wegen dieses ästhetischen Geheimnisses. In meinem Kopf sah ich vermutlich aus wie Avril Lavigne, nur, dass ich eben kein Popstar war, sondern auf dem Weg zum Knödelessen vor der Kirche. Als ich den Kirchberg nach oben lief, den Innenhof des Pfarrheims betrat, begegnete mir erst mal das völlig normale dörfliche Taxiertwerden der Umgebung, der Nachbarn, der neuen und alten Partner von neuen und alten Geschiedenen usw. und es rief mir ein Bekannter der Familie entgegen, wie sehr er sich darauf freue, wenn ich noch etwas wuchs und der Rock endlich kürzer und die Socken noch etwas höher werden würden.

Seltsam daran, ein Kind zu sein, ist, dass man an seine Umgebung glaubt. Ein Kind hat es erst mal nicht in sich, grundsätzlich misstrauisch gegenüber Erwachsenen zu sein. Ein Kind entscheidet sich eher dafür, den eigenen Gefühlen nicht zu vertrauen als den Menschen, die älter sind als es selbst. Ich wusste damals nicht genau, was dieser Mann meinte, aber ich nahm es entgegen und archivierte es an einem Ort, an dem meine Scham saß. Natürlich hatte ich ein komisches Gefühl dabei, von einem erwachsenen Mann zu hören, dass er sich darauf freute, mehr von meinem Körper zu sehen, aber ich spiegelte die absolute Abwesenheit von Empörung von allen Erwachsenen, die diese Szene miterlebten, und übernahm diese Reaktion darauf als die richtige. Meine

Gefühle waren falsch, entschied ich. Ich war neun Jahre alt und versuchte, *the bigger person* zu sein als ein halbes Dutzend Vierzigjähriger.

Derselbe Mann packte mir drei Jahre später auf einem der zahlreichen anderen Dorffeste betrunken unter den Rock und fragte, wie ich das finden würde. Ich erinnere mich an den stieren Bierblick von ihm und das süffisante Grinsen, das er auf den Lippen hatte, weil er sich über seine eigen Schlauheit freute, immerhin hatte er diese Konjunktiv-Welt aufgemacht, in der er mich fragte, wie ich das finden *würde*, was er bereits in diesem Moment tat. Ich erinnere mich daran, dass ich erstaunlich wenig dabei gefühlt habe. Aber ich dachte sofort an den Schottenrock und dass ich damit wohl das Fundament gelegt hatte für das, was mir da grade passierte. Solche Geschichten lesen sich immer beeindruckend rührselig, wenn man sie im Nachhinein erzählt. Wenn Männer kleine Mädchen anfassen, muss man gar keine begabte Autorin sein, um eine gute Geschichte daraus zu machen.

Ich habe panische Angst davor, eine schlechte Erwachsene zu sein. Ich habe Angst davor, den Teenagern um mich herum das Gefühl zu geben, dass sie sich beweisen müssen oder erklären, dass sie rechtfertigen müssen, wenn sie Angst haben oder sich schämen. Ich habe Angst davor, dass ich ihnen nicht klar genug machen kann, dass ich glaube, dass alles, was ihnen passiert, allen Mädchen genauso passiert, in Abstufungen, in Nuancen, in Ideen, aber der Schmerz ist immer derselbe.

Ich glaube, dass Mädchen sich unendlich viel schämen. Ich weiß, dass ich mich im Grunde meine gesamte Jugend geschämt habe. Dieses Buch handelt im Grunde von nichts anderem als Scham. Scham für meinen Körper, Scham für meine ersten Lieben, Scham für die Frau, die ich geworden bin statt der, die ich doch eigentlich hätte sein sollen. Ich glaube, dass Scham eines der wichtigsten Instrumente ist, um junge Frauen handzahm zu halten. Ich glaube, dass ich dieses Buch nur geschrieben habe, um einmal zu archivieren, dass das meiste, für das junge Mädchen sich schämen, den meisten jungen Mädchen so oder so ähnlich passiert ist und sich deswegen streng genommen gar nicht für das Gefühl der Scham qualifizieren sollte.

Als ich 16 oder 17 Jahre alt war, bekamen wir einen neuen Lehrer, der mich als seine Lieblingsschülerin auserkoren hatte. Er sprach mit mir nach den Schulstunden und in den kleinen Pausen, irgendwann aßen wir in der Kantine gemeinsam zu Mittag, bis andere Lehrer uns darauf hinwiesen, dass die *Optik* nicht gut war. Er begann irgendwann, nachmittags bei mir zu Hause anzurufen und mit mir zu reden, ich war davon zu gleichen Teilen fasziniert und genervt. Seitdem weiß ich, dass manche Telefonanbieter Anrufe nach zwei Stunden automatisch beenden, weil solch lange Telefonate statistisch gesehen wohl welche sind, bei denen beide Parteien vergessen haben, aufzulegen. Alles jenseits der Zwei-Stunden-Marke existiert vor allem für Liebespaare und Jugendliche, die gegroomt werden. Wenn die Verbindung automatisch abbrach, hoffte ich meistens, dass er nicht noch mal anrief, dass nach den zwei Stunden mein Soll an Unterhaltung mit einem Erwachsenen erfüllt war. Er rief immer wieder an. Er versuchte nie, mich zu küssen, was mich irritierte und erleichterte, einmal landeten wir auf derselben WG-Party, ich war mittlerweile 18, ich fuhr ihn danach nach Hause und er umarmte mich minutenlang, bevor er ausstieg. Mein Körper war für den Rest des Abends wie betäubt, wofür ich dankbar war.

Hinter mir lag schon eine Teenagerzeit, die ich zu großen Teilen damit zugebracht hatte, mich zu schämen, für das meiste, was ich war, und für alles, was ich sein wollte, für jedes Körperteil und jede Vorliebe, für jeden Reflex und jedes Hungergefühl, es gab keinen Tag in meinem Leben, an dem ich Frau war und nicht Scham empfand.

Wer sich schämt, wartet auf Rettung. Diese Rettung hat etwas mit Geheimwissen und Großzügigkeit zu tun. Es reicht nicht, wenn die beste Freundin einem sagt, dass man schön ist oder klug oder witzig, es reicht erst recht nicht, wenn die eigene Mutter das sagt oder jemand, der dafür bezahlt wird, das zu sagen. Wer sich schämt, sehnt sich nach jemandem, der mehr weiß, mehr kann, mehr Geld verdient, schon mehr Leben hinter sich gebracht hat. Jemand, der mächtiger ist. Keine Scham zu empfinden, schützt einen sicher nicht davor, von älteren Männern belästigt oder angefasst zu werden, aber es schützt einen davor, die Tatsache, dass ältere, mächtigere Männer einem Aufmerksamkeit schenken, als Glück zu empfinden.

Vor Jahren moderierte ich eine Veranstaltung in Freiburg, der Stadt, die meinem Heimatort am nächsten ist, zwei meiner ehemaligen Lehrer waren da, wir tranken danach mit einer hysterischen Verbindlichkeit Bier, was man nur tut, wenn man Leuten von früher zeigen möchte, dass man sie nicht vergessen hat. Der eine, etwas ältere, der, den ich schon immer sehr mochte wegen seines garstigen Desinteresses für jede Art von Pädagogik, erzählte mir, dass der Lehrer, der mich früher ständig anrief, sich jeden Jahrgang aufs Neue eine junge Frau auszusuchen schien, der er sich näherte. In früheren Jahren hatte er sich nach eigenen Aussagen sogar richtig verliebt. Die Verliebtheit endete mit den Sommerferien.

Er trug mir das Ganze vor wie eine amüsante Party-Anekdote, etwas, was begleitend mit einem Augenzwinkern zwischen zwei Schlücken Bier mit einer mittelmäßigen Pointe zu Ende geht. Ich klammerte mich an meinem Glas fest und wartete auf irgendeinen Ort in mir, der wütend werden wollte. Stattdessen stand ich da und schämte mich dafür, dass er sich in mich nicht verliebt hatte. Ich reichte offenbar nicht. Der andere Lehrer, einer, den ich ebenso mochte, weil er lustig und warmherzig war und mich schon nett fand, als ich ein junges, seltsames Mädchen mit zu dollen Witzen war, nickte wissend, als sei das unter den Lehrern der Schule ein offenes Geheimnis.

Ich habe mich in den ersten fünf Jahren meiner Zwanziger mit dem Gedanken abgefunden, dass ich ein schwieriges Verhältnis zu Männern hatte, weil meine ersten Lieben unglücklich waren. Es erschien mir naheliegender, dass etwas an mir grundlegend falsch sei, als der Gedanke, dass ausnahmslos jede Frau um mich herum solche Dinge erlebt haben soll. Bevor ich das erste Mal angegangen wurde, bevor ich das erste Mal behandelt wurde wie eine Option oder eine Dienstleisterin, bevor ich das erste Mal neben Männern in Betten lag, die mich in der Sekunde, in der sie gekommen waren, rausschmissen und ich es für eine im Rahmen des Möglichen normale Reaktion hielt, bevor all das passierte, hatte ich schon Jahre hinter mir, in denen mir beigebracht wurde, dass mit mir diverse Dinge nicht stimmten, weil mit Frauen offenbar grundsätzlich diverse Dinge nicht stimmen. Die Tatsache, dass männliche Aufmerksamkeit eine Währung wurde, an der man als Frau offenbar den eigenen Wert messen konnte, sorgte dafür, dass es irrelevant wurde, zwischen guter und schlechter Aufmerksamkeit zu unterscheiden.

Ich glaube heute nicht einen Tag mehr, dass meine Jugend schlimmer war als die von anderen Frauen. Ich fühle mich seitdem den meisten von ihnen nah. Ich glaube, dass es helfen kann, so viel darüber zu schreiben, wie ähnlich es für Frauen ist, als Frau durch die Welt zu gehen, bis Frauen aufhören, zu denken, dass das, was ihnen passiert, was sie spüren, was sie über ihren Körper denken oder über die Art und Weise, wie ihr erster Freund sie behandelt hat, deswegen so ist, weil etwas außergewöhnlich falsch an ihnen ist.

Meine Jugend war genauso wie die anderer junger Frauen. Ich habe im Internet mit Pädophilen gechattet, mir bei *tumblr* meine erste Essstörung angeeignet, ich habe als junges Mädchen ungefragt Pornos gezeigt bekommen und wurde von älteren Männern angefasst und bedrängt. Ich hasse meinen Bauch, bis heute. Ich trage Spanx und ich habe mir die Lippen aufspritzen lassen. Dieses Buch hier will gar nichts besser wissen. Es will nur das tun, was Männer seit Generationen tun: gemeinsame Erfahrungen archivieren. Dieses Buch soll nicht dafür sorgen, dass Frauen sich weniger alleine fühlen, es soll dazu führen, dass Frauen merken, dass die Tatsache, dass sie sich alleine fühlen, dazu führt, dass widerliche Männer viel müheloser Macht über sie gewinnen können. Wer denkt, etwas ist grundliegend falsch mit ihm, empfindet es nicht als absolute Anmaßung, wenn er falsch behandelt wird.

Ich liebe nicht alle Frauen. Viele Frauen langweilen mich. Andere ärgern mich. Andere halte ich für hinterhältig. Aber ich liebe ausnahmslos jedes junge Mädchen. Teil von Erwachsenwerden ist, alles einzusammeln, was einen zu einem unglücklichen Kind gemacht hat, und so lange zu verarbeiten, bis man es schafft, als einigermaßen vollständiger Erwachsener durch die Welt zu laufen. Das schaffen nicht alle, es ist je nach Menge an dem, was man über die eigene Kindheit einsammeln muss, auch unterschiedlich schwierig. Mir reicht es, zu sehen, dass Frauen es versuchen.

Wenn ich ein junges Mädchen auf der Straße sehe, möchte ich sie umarmen und ihr sagen, dass all die Dinge, die noch vor und auch die, die schon hinter ihr liegen, vorbeigehen werden. Ich würde ihr gerne sagen, dass sie natürlich besonders ist, aber an ihr absolut nichts außergewöhnlich ist. Dass sie genauso ist wie andere Frauen. Ich möchte all die Mädchen umarmen, und natürlich mache ich es nie. Wahrscheinlich will ich im Grunde mich als Kind umarmen, aber das geht ja nun nicht mehr. Stattdessen habe ich dieses Buch geschrieben. Es ist nicht für erwachsene Männer, es ist für junge Mädchen. Vielleicht ist es aber am allermeisten für mich.

*

Ich denke oft an die Frau, die ich eigentlich geworden wäre. Mittlerweile befürchte ich, dass ich zu oft an sie denke und zu wenig an die, die ich jetzt stattdessen bin. Man verliert beim Versuch, ein besserer Mensch zu werden, leider Teile von sich.

Ich vermisse die Männer, mit denen ich früher befreundet war, ich vermisse, wie einfach es war, Zeit mit ihnen zu verbringen. Ich vermisse das Gefühl seltsam schamerfüllter Bestätigung, wenn man merkt, dass man für diese Männer nicht mehr als eine Fantasie ist, ein Back-up im Freundeskreis, eine Frau, die sie in Diskussionen heranziehen können als Gegenbeispiel für alles, worauf sie sich nicht einlassen wollen. Ich vermisse die Sonderstellung. Ich vermisse sie auf eine Art, wie man die Zeit nach dem Schulabschluss vermisst, obwohl man weiß, dass es damals nicht ansatzweise so schön und glitzernd war, wie man heute gerne tut. Ich vermisse die Frau, die ich war, als ich mich selbst so wenig kannte, dass mir eindimensionale Beziehungen reichten, als ich mehr als zufrieden damit war, meinen Mitmenschen eine schlampig kuratierte Version von mir zu zeigen, die immer dann, wenn ich meinen echten Charakter hätte zeigen können, nur Projektionsfläche wurde. Ich vermisse die Einsamkeit, die ich damals empfand, auf die Art, wie man Wochenenden ohne Verabredungen vermisst, während man auf einer Party ist, von der man schnell wegmöchte. Ich romantisiere jeden Tag, den ich als Frau bisher verbracht habe, vor allem die, von denen ich weiß, dass ich nicht besonders glücklich war. Ich befürchte manchmal, dass ich damals spannender war, beeindruckender, faszinierender. Zumindest habe ich mir damals so große Mühe gegeben, all das zu sein. Heute genügt es mir, manchmal ein Kinderfoto von mir zu sehen und dann vor Rührung zu weinen, einfach nur, weil ich weiß, wie irre viel Anstrengung dieses kleine Mädchen noch aufbringen wird beim Versuch, spannend, beeindruckend und faszinierend zu sein.

Ich glaube, mein Teenager-Ich könnte mein heutiges Ich nicht ausstehen, ich glaube, sie würde sich dafür schämen, wie langweilig ich geworden bin. Mein Teenager-Ich würde auf mein Leben heute schauen und nach all den Dingen suchen, die mir so lange wichtig waren: Anerkennung von Onkeln, von Vätern, von Freunden, selbst von Ex-Freunden und ihren besten Kumpeln. Sie würde glaube, dass ich heute unbeliebter bin. Mein Teenager-Ich weiß noch nicht, wie seltsam belebt sich diese neue Einsamkeit anfühlt. Es ist eine Einsamkeit, die funktioniert, weil man ja jetzt endlich genauso ist wie andere Frauen. Man ist in einem neuen Verein.

Je länger ich als Frau durch die Welt gehe, desto mehr möchte ich im Team von allen Frauen spielen. Es gibt eine ganze Menge, mit denen ich politisch nichts zu tun haben möchte, ich sortiere großzügig aus. Es bleiben aber immer noch unendlich viele Frauen übrig. Frauen, die mir unsympathisch sind, Frauen, die ein Leben führen, das ich aus feministischen Gesichtspunkten verurteilungswürdig finde, Frauen, die die in meinen Augen völlig falschen Argumente vorbringen, um ihre persönlichen Lebensentscheidungen als moralisch-feministisch richtig umzudeuten. Ich kenne hinterhältige und gemeine Frauen, ich kenne Frauen, die versucht haben, mir für ihren eigenen Vorteil zu schaden. Ich habe über die letzten Jahre die Fähigkeit verloren, sie nicht zu mögen. Zumindest ein bisschen, zumindest zum Teil. In jeder dieser Frauen erkenne ich irgendetwas, was ich auch erlebt habe, irgendeinen Zweifel, einen Schmerz, eine Traurigkeit. Ich befürchte, ich habe mit ihnen eben doch mehr gemeinsam, als mir und ihnen lieb ist.

Ich war all diese Frauen auch schon. Ich bin die Frau, die für irgendeine andere Frau die schlimmste, hinterhältigste Person der Welt darstellt. Ich war schon *die andere Frau*, ich war die Frau, die mit einer Gruppe Männern am Tisch im Restaurant saß und die Aufmerksamkeit von ihnen so sehr genoss, dass sie die Frauen an den anderen Tischen zur Weißglut trieb. Ich war die Frau, die eine Band hörte oder einen Sport im Fernsehen anschaute, um einen Mann zu beeindrucken, der sich nicht weniger für mich interessieren konnte, als er es in diesem Moment bereits tat. Ich war schon erbärmlich und ich war schon klein, ich war zu forsch, ich habe mich schon selbst überschätzt und mich lächerlich gemacht. Ich habe schon so oft verzweifelt versucht, anders zu sein als andere Frauen, ohne genau wissen zu wollen, wieso ich das eigentlich so erstrebenswert fand. Ich hasse all das nicht mehr. Ich kann es deswegen in anderen Frauen auch nicht mehr hassen. Es ist ein gutes Gefühl, ein wenig zu ruhig, zu bedächtig, zu harmonisch, wenn man es zum ersten Mal erlebt. Wie ein freies Wochenende ohne Verabredungen, nach dem man sich monatelang gesehnt hat. Man weiß erst nichts anzufangen mit all der Zeit, die man plötzlich übrig hat. Und irgendwann fällt einem etwas ein.

Ich danke meiner Lektorin Mona Lang und meiner Verlegerin Kerstin Gleba für die ständige Unterstützung, meiner Agentin Anna Meierling und Mary Lou Hafner, meiner Schwester Hannah, Sarah Hartgens und Isabelle Thiede, Steffi Kiebel, ich danke Carsta Maria Müller, Jule Lobo und Sophie Rüdinger für ihre Freundschaft, Leonie Brill für ihre Liebe und ihr Talent. Ich danke meiner Therapeutin und mir vor 10 Jahren.